瑜伽經

身心合一的修煉

歐德馥 著

序 言

《瑜伽經》是一本古老的印度梵文經典，全文只有精簡的 196 句。此經約於一百多年前傳到西方世界，在探討身心靈的歐美人士間流傳已久並逐漸受到重視。儘管《瑜伽經》已被翻譯成多種語言，可是市面上卻少有這部經典的完整中譯本。

為一窺經文的原貌，筆者開始研讀各種英文版本的《瑜伽經》，但每在難懂之關鍵句，各家的翻譯就出現歧異。為求取經文的原意，於是展開了自行翻譯的旅程。幸運的是，在歐美語言學者的努力下，古老的梵文已被有系統的羅馬化，讀懂梵文已變得相對簡單。

在翻譯的過程中，赫然發現此經和大乘佛教的「瑜伽行派」同源，屬於此派的早期經典，不論是成書的年代、或經文中不斷出現的專門語彙都含藏了相關事證。在進一步查閱《佛學大辭典》引註的梵文後，《瑜伽經》的原貌逐漸呈現。

原來《瑜伽經》不但描述了身、心兼修的法門，而且闡明「心」才是萬法的源頭，透過這套身心合一的修行方法甚至可以達到解脫的境界。所以「瑜伽」不只是用拉筋伸展的方式在鍛煉身體，也有一套修煉心靈的方法，內外合一才稱之為「瑜伽」。

《瑜伽經》的經文雖然簡短，卻字字珠璣，涵攝之內容更是浩瀚如海。筆者在詮釋的過程中常有以管窺天之感，只能說是站在前人的肩膀上嘗試註解古德留下的金句。因此，經文之闡述若與先進之見解有所出入，還望不吝批評指正。

導 讀

「萬法唯心」是大乘佛教「瑜伽行派」的核心理論。萬法是「所」見一切法（人事時地物），唯心是「能」見的八種心。「能見＋所見」形成了眾生的世界，眾生「能見的心」是一切法的投影源，共同的投射成就了眾生「所見的世界」。

《瑜伽經》是一門「佛教心理學」，由佛陀親自教授，旨在幫助我們認清自心和認清我們所面對的世界。人生的重點不是外在發生了什麼，而是內心「如何解讀」發生了什麼，只要心能轉變（轉念），外在的世界就跟著轉變（轉境）。幸運的是，如何解讀操之在我。

《瑜伽經》有一套將煩惱「妄心」轉為清淨「真心」的方法，開顯出真心就能見到這個世界的真相。而「佛性」就是清淨的真心，本自俱有、不假外求，但是被煩惱層層障蔽，而「佛法」就是如何將佛性開顯出來的方法。

這個方法也是「成佛之法」，成佛之前要先成就菩薩，菩薩有十個階位，從初地、二地……到十地。修煉「瑜伽」的目的就是要轉凡成聖，而菩薩聖者和凡夫眾生的差別只在於：聖者的心已無煩惱，是自在的快樂；凡夫的心充滿煩惱，且以苦為樂。

成佛之法就是「定、慧」，也稱為「止、觀」。瑜伽就是「止、觀雙運」的法門，也是解脫證道的雙輪。定力和智慧不只是出家人的修行功課，也是在家人成就事業的方法。所謂「修行」是修正自己的身語意，思想轉變，言行就轉變，人生就轉變。

《瑜伽經》全文分爲四品，共196句頌。第一「三摩地品」有51頌，第二「修行法門品」有55頌，第三「智用神通品」有56頌，第四「解脫證道品」有34頌。筆者依據經文的提綱契領，將全文的闡述分爲四部分，盼以循序漸進的方式窺探《瑜伽經》的奧妙。

「三摩地品」的內容爲增上心學，是令心平靜無波的「定無漏學」（無漏是無煩惱）。**定學能暫時制伏煩惱，令心沉著穩定。**閱讀第一品時須明白兩個重要的概念：「能」是主動、「所」是被動。第1.2頌在闡述「能」變現的八種心；第1.16頌在闡述心「所」變現的三種相；同時應清楚第1.9頌的「名言」之義。

「修行法門品」的內容爲增上慧學，是令心清淨無染的「慧無漏學」（戒學在其中）。**慧學能徹底解決煩惱，令心轉染成淨。**閱讀第二品時須明白修行的憑藉是所見一切法，由「所」證入「能」、藉「相」證入「體」，此乃重要的修行法門。第2.1至2.27頌在闡述因、緣、果所流轉的諸法萬相，第2.28至2.55頌在闡述實際可修證的法門「八支瑜伽」。

「智用神通品」是證道後的菩薩所起用的「佛性」功能。菩薩修習神通的目的只有一個，就是以種種善巧方便饒益有情、廣渡眾生，而渡人即是自渡，菩薩藉此從初地向上登到十地，最終成佛。閱讀第三品時應對神通具備正確的觀念：**神通是菩薩的「悲智雙運」**，能完成自覺同時覺他，最終覺行圓滿成就佛果。

「解脫證道品」在闡述凡夫轉爲聖者的心路，是「八識轉成四智」、「無盡煩惱轉爲無上菩提」的歷程。無上菩提是自覺覺他的覺行圓滿，也是登地菩薩最終證得的佛果，是**能所一如、時空統一**的境界。第四品嘗試從量子力學微觀世界的角度來說明「萬法唯心」的教理，最後藉由本書的觀點詮釋家喻戶曉的經典《心經》作爲總結。

大乘「瑜伽行派」的教理宏偉，衍生之諸多名相是爲了從不同的角度不斷說明「什麼是心、什麼是萬法」的甚深密義。「瑜伽行派」傳到中國後稱爲「唯識學派」，是佛教公認最深奧難懂的宗派，因此建議在閱讀時無須刻意背誦各種名相，因爲這些專有名詞會在後文不斷的提及，是由淺入深的鋪陳，請務必自然的熏習。

目錄

三摩地品　समाधिपाद Samadhi Pada

第一品：三摩地

समाधिपाद Samadhi Pada

1.1 現在，傳授「瑜伽」修行法。

अथ योगानुशासनम्॥१॥

atha yoga-anuśāsanam ‖1‖

「瑜伽」一詞起源於古印度文化，最早見於西元前 1500 年的印度古籍《梨俱吠陀》以及解釋吠陀經典的《奧義書》。經文記載「瑜伽」是古印度人的修行方法，其最終目標要達至「梵我一如」的境界。「梵」在印度古籍中是指永恆的宇宙真相，並非專指某種神衹，是後人或他教的引用，才將「梵」衍伸為創造萬物的天神。

瑜伽是修行法

釋迦摩尼佛於西元前 500 年在印度示教時亦採用「瑜伽」一詞，在佛教經典中是指「止、觀」的修行法。《解深密經》〈分別瑜伽品〉是彌勒菩薩向佛陀請教修「止、觀」的章節，該品詳述了修止如何成就正定，修觀如何成就智慧的方法。

這個方法包含了心法和修法。「心法」是萬法唯心的教理；「修法」是止觀雙運的方法。「心法」是心地法門，能修正思想觀念、提升心靈層次，屬於佛法的理體；「修法」有實際可修證之法門，是身心合一的實踐方法，屬於佛法的相用。

佛教的「瑜伽行派」

彌勒菩薩爲印度大乘佛教「瑜伽行派」的始祖，現居欲界「兜率天」內院。此天有內外兩院，外院是凡夫天眾所住，內院是一生補處菩薩（下一生成佛者）所居。釋迦摩尼佛曾親自授記彌勒菩薩，當其壽四千歲盡時，將下生娑婆世界於龍華樹下成佛，分三會說法接續世尊宣教。

彌勒菩薩現在是等覺菩薩，此爲菩薩位的極果、成佛前的最後身，祂是繼世尊之後來到人間弘法的下一尊佛，故也稱「未來佛」。「彌勒」是梵文 Maitreya 的音譯，意譯爲「大慈」，彌勒菩薩刻在「兜率天」內院宣說瑜伽行法，其弟子無著菩薩從內院聽教而著有《瑜伽師地論》。

唐朝玄奘法師歷經千辛萬苦前往印度取經，最想要研讀及翻譯的經典即爲《瑜伽師地論》，該論長達 100 卷，唐太宗並曾爲之作序。玄奘大師從印度請回的梵文原典達 657 部，譯出之經論有 75 部，包括《解深密經》、《大品般若經》、《攝大乘論》、《百法明門論》、《唯識三十頌》等等，玄奘大師並揉譯印度瑜伽論師之觀點而著有《成唯識論》。

上述相關經論之教派，在印度本土稱爲大乘「瑜伽行派」，以彌勒菩薩爲祖師，主要承傳者有無著菩薩、世親菩薩、護法、戒賢等大師。相關經論傳譯至中國本土後，則以玄奘大師爲始祖，其重要弟子包括窺基、圓測、辨機等，稱爲大乘「唯識學派」。此派又名「唯識宗、法相宗」：因闡明萬法唯識之理故名「唯識宗」；同時闡明何謂諸法萬相故又名「法相宗」。

《玄奘大師西行取經圖，現典藏在東京國立博物館》

瑜珈是「境、行、果」相應的修持

《瑜伽師地論釋》云：「一切乘境、行、果等所有諸法皆名瑜伽，一切並有方便善巧相應義故。境瑜伽者謂一切境無顛倒性、不相違性、能隨順性、趣究竟性，與正理教行果相應故名瑜伽。行瑜伽者謂一切行更相順故、稱正理故、順正教故、趣正果故說名瑜伽。果瑜伽者謂一切果更相順故、合正理故、順正教故、稱正因故說名瑜伽。……三乘行者由聞思等次第修習瑜伽，隨分滿足輾轉調化諸有情，所以名瑜伽師。」

論釋曰，大乘、小乘行人所修持的法門皆可稱為「瑜伽」，其修行法包含「境、行、果」三者，且彼此有密不可分的相應關係。「境瑜伽」是瑜伽師所觀修之境，對境時能正確思惟佛法教理並和「行、果」相應；「行瑜伽」是瑜伽師所「行」持的方法，能以止、觀之法如理趨向正確的修行道路；「果瑜伽」是瑜伽師所證得之「果」位，每個果位次第分明，果位必依於正因。

修習小乘（聲聞乘、緣覺乘）佛法的行者、和修習大乘（菩薩乘、佛乘）佛法的行者都必須經歷「聞慧、思慧、修慧、證慧」的階段，藉由次第的修習才能解脫成為聖者；若能隨緣、隨分的對有情眾生作輾轉、善巧的調順和教化，則稱之為「瑜伽師」。

1.2「瑜伽」能止息心的波動。

योगश्चित्तवृत्तिनिरोधः ॥२॥

yogaś-citta-vṛtti-nirodhaḥ ॥2॥

瑜伽的修法有「境、行、果」，目的是止息「心的波動」。「心」有清淨的真心和煩惱的妄心：真心清淨無為、如如不動；妄心充滿煩惱、波瀾起伏。

凡夫的妄心有八種

妄心是凡夫的八識，有眼識、耳識、鼻識、舌識、身識，第六識「意識」、第七識「末那識」、第八識「阿賴耶識」。第八識總稱為「心」，蘊集了無量未變現的種子；第七識又稱為「意」，在種子現行即滅的過程中總是以我為主；前六識總稱為「識」，不斷在了別（了解識別）外境的各種信息。

前五識（眼、耳、鼻、舌、身識）

有情眾生有「五根」，分別是眼睛、耳朵、鼻子、舌頭、身軀等外顯器官，以及相應的視覺神經、聽覺神經、嗅覺神經、味覺神經、觸覺神經等感官系統。「五根」有各自攀緣的外境，分別為色境、聲境、香境、味境、觸境。五根和五境相合產生了各自的「**認識了別**」，稱為眼識、耳識、鼻識、舌識、身識。

故《瑜伽師地論》謂，眾生的眼識有「依眼根了別色境」之性，耳識有「依耳根了別聲境」之性，鼻識有「依鼻根了別香境」之性、舌識有「依舌根了別味境」之性、身識有「依身根了別觸境」之性。

五識了別五境，理應只是客觀蒐集信息，以便認知現前的一切法（人事時地物），然而五識卻受到第六識主觀且偏執的影響，而無法客觀理解外在信息，於是「根」觸「境」生「識」時，會以我執了別一切法，而產生喜愛或厭惡的感受。

第六識（意識）

第六識也稱爲「意識」，有「依第七識了別六境」之性。前五識以第六識爲依作了別，第六識則以第七識爲依作了別。第七識「凡事以我爲主」的心態，會默默影響第六識的判斷，第六識再令前五識依「我的偏好」解讀一切法（人事時地物）。

第六識除了受到第七識「我」的影響外，本身也有很強的自主性，能分別善（好）、分別惡（壞）、分別無記（不好不壞），連帶令前五識也產生這樣的偏好。因爲第六識有很強的二元對立性，習慣對一切法作出好壞、對錯、美醜、高下……的思惟。

第六識也有很強的**轉化力**，可以將善念轉爲惡念、惡念轉爲善念，故有沉淪惡道的造業力、也有向上修行的覺悟力。修行人能夠轉凡成聖，靠的是第六識不斷熏習的清淨念，當清淨的種子夠多，會由量變產生質變，就有機會證入解脫的聖道。

第六識對應的外境稱爲「法境」，不同於五識對應的五境是可見的「色法」世界，「法境」屬於「無表色」的色法世界，此境最爲複雜，能涵

蓋一切有形、無形之像，因爲不得見，所以人們常常被困在自己的「法境」而不自知。

第六識可以和前五識一起工作，能對「五識瞬間烙下的**影像**」作分別；第六識也可以獨自工作，進行天馬行空的想像，對當下之境或視而不見、聽而不聞，或被業力牽引，時常在腦海這個小宇宙任遊十方，或沉溺回憶過去、或幻想計畫未來。

第七識（末那識、意根）

第七識的梵文爲 manas，音譯是「末那識」；第七識也是意識的根，故又稱爲「意根」。第七識沒有所緣之外境，而是內緣第八識「**能見的少部分**」而將之執以爲我、攀緣第八識「**所見的少部分**」而將之執以爲我的根身和我所面對的世界，故第七識有「**依第八識『見分』並執以爲我**」之性。

由於第七識一心一意只向內攀緣第八識的見分並執以爲「我」，故所見一切皆帶有「我」相，且凡事以我爲主、以我爲是，因此第七識與生即俱有「我貪、我癡、我慢、我見」的深沉執著，這樣的心行細微而隱晦，難以覺察。

第七識不像第六識容易被感知到，也沒有強烈的了別力，但卻會默默狡點地染污第六識，令第六識不自覺的從「我」的角度去衡量和解讀對境，前五識受到第六識的影響，也用「我」的角度在蒐集色境、聲境、香境、味境、觸境的信息。

第七識這種執以爲有「我」的觀念，在每世的輪迴中不停的對第八識洗腦，也深深影響著第六識。對「我」的妄想和執著是生死輪迴的根本、

煩惱痛苦的源頭，也是爲什麼佛陀不斷在教導眾生要「無我」（把有「我」的觀念去除）的原因。

第八識（根本識、心）

第八識深沉如海、最難理解，其性質和功能實有別於前七識。第八識主要在積集、攝藏一切法（色法、心法）的種子，種子變現出「能」熏習的前七識，且「能」分別第八識「所」生的一切法，故第八識有「**積集（被）前七識所熏習的一切種子**」之性。

第八識的種子不斷在進進出出，其中「我執種子」變現出眾生的前七識（執著相），是「能」熏習；第八識的「業種子」變現出眾生的根身、器界（因果相），是爲「所」熏習。

第八識又稱爲「根本識」，因爲凡夫眾生的第八識（能）是宇宙萬法的根源，宇宙萬法（所）是由凡夫眾生的第八識變現，二者是互爲因果的循環，故第八識所緣的對境是一切法，又稱爲「種子、根身、器界」。

一切種子有「地、水、火、風」四大種性（堅性、溼性、煖性、動性）的功能，在因位時，第八識對這些種子有攝藏的功能；在果位時，第八識對現行種子的四大則有執受的功能，因而形成「眾生的根身和器界」。

「眾生」是**眾緣和合之生**，「根身」是有情眾生的身心世界，又稱爲「情世間」，具有生、住、異、滅的無常特性；「器界」是無情眾生的物質世界，又稱爲「器世間」，具有成、住、壞、空的無常特性。

第八識總稱爲「心」，故佛說「三界唯心，萬法唯識」。眾生的「能」見是自心，眾生的「所」見又來自於心，彼此是相續的輪迴，無始且無終。爲了闡述第八識這個難以思量的「心」，在佛教經論中出現了很多不同的名稱。

第八識又名「一切種子識」

由於植物的種子會產生因果的現象,故藉種子比喻第八識的本質和功能,因此第八識又稱爲「一切種子識」。「能生之種子」爲因,「種子之現行」爲果,現行後再生之「新熏種子」是現在果、又是未來因。第八識含藏了眾生無始無量的種子,一切種子的熏習、現行猶如瀑流,不停在流逝且變動無常。

第八識又名「阿賴耶識、藏識」

「阿賴耶識」是梵文 ālaya 的音譯,意譯爲「藏識」,有能藏、所藏、執藏三種功能。「能藏」是指阿賴耶識能攝持一切種子,「所藏」是指阿賴耶識猶如不經挑揀的倉庫,儲藏了無量的善、惡、無記種子,「執藏」是指阿賴耶識被第七識執著以爲有「我」,而一切種子在熏習、現行的進出過程中,都受到「我執」習氣的影響。

第八識又名「異熟識、無垢識」

一切種子的熏現是因果相續的過程,無始以來、無所以終。某段生命的開始是第八識最先來投胎,生命結束時也是第八識最後才離開,故第八識是有情眾生不斷在六道生死輪迴的識體。

然而此識體不是永恆不變的靈魂,而是刹那間不斷在進出的無量種子,無量的種子相續變現和生滅,如瀑布般的流逝且變化無常,沒有一刻相同,其中並沒有第七識所誤認且執以爲不變的主宰「我」。

第八識在因地時稱爲「一切種子識」,在總結一生的果報時改稱「異熟識」。「異熟識」在強調不斷輪迴投胎、生死相續、因果變異的第八識。對未解脫的凡夫、甚至解脫後的菩薩來說,他們的第八識都是「異熟識」,成佛之後不再有「異熟識」而改稱「無垢識」。

「無垢識」是煩惱執著滅盡的境界，是第八識無量的種子全部轉爲清淨後，才由「異熟識」轉爲「無垢識」，此識「能」相續攝持無量無漏的清淨種子，盡虛法界，因此只有諸佛如來的第八識才能稱爲「無垢識」。

八識的關係

上圖爲古印度的作戰馬車圖，展示了八識的關係：向前奔騰的五匹馬比喻不停在攀緣外境的五識，駕馭戰馬的馬伕是第六識，坐在戰車裡監視馬伕的主人則是第七識，承載的戰車則是第八識。

中國唯識學也有一首俗偈生動的描述了八識的關係，偈曰：「八個兄弟共一胎，一個伶俐一個呆，五個門前作買賣，一個家裡把帳開。」第八識呆板而不挑惕，第七識狡黠而伶俐，第六識是前臺的大掌櫃，指揮著在門前招呼買賣的五位店員。

1.3 如此,「見者」得以安住在真相。

तदा द्रष्टुः स्वरूपेऽवस्थानम् ॥३॥

tadā draṣṭuḥ svarūpe-'vasthānam ॥3॥

「見者」是第三人稱的我

「見者」是能覺的真心或真我,真我是英文第三人稱的 Self,不是第一人稱的 I;第三人稱的我是 true Self,第一人稱的我是 Ego I。「見者」能以第三者的視角向內覺察起心動念,得見內心的波動,這樣的波動包括有煩惱的和沒煩惱的,有煩惱的波動稱為(負面的)情緒,沒煩惱的波動稱為(正確的)思緒。

「見者」能往內見其自心,明白外境是內心的投射;凡夫只能向外看到五境,以為外境和自心無關。「見者」見到人生的這一場戲由我的「真心」決定,我不是照著劇本在演戲的主角,而是有能力當編劇,只要改寫六、七識的我執種子,即能改變第八識的業種子。

「見者」是常住真心、真如本性

《楞嚴經》云:「一切眾生從無始來生死相續,皆由不知常住真心性淨明體,用諸妄想,此想不真故有輪轉。」《六祖壇經》:「善知識,不悟,即佛是眾生;一念悟時,眾生是佛。故知萬法盡在自心,何不從自心中頓見真如本性。」

《楞嚴經》謂，一切眾生從無始以來，生死輪迴相續不斷，都是因為不知道本自俱足的「常住眞心」，此眞心的自性是清淨的明體，但凡夫一直起用我執而有諸妄想，此想虛假無實障蔽本然的眞心，令眾生不斷輪迴在煩惱痛苦中。

　　《六祖壇經》一直強調不識本心，學法無益，本心就是眞心，也是佛性。惠能大師在書中不斷告誡眾生：心若不開悟即不見佛性，見到佛也當成眾生；心若開悟即頓見佛性，此時見眾生皆佛。萬法盡在自心，而自心能變現萬法，若能覺悟萬法唯心，即能頓見自己的「眞如本性」。

1.4 否則，（見者）會認同心的波動。

वृत्तिसारूप्यमितरत्र॥४॥

vṛtti sārūpyam-itaratra ॥4॥

然而「眞我、見者」被煩惱層層纏縛而**不得見**，眾生若不認得本有的「眞我、見者」，就會以爲不斷波動的煩惱就是我。煩惱猶如虛空中浮動的塵埃，令人看不清眞相，唯有塵埃落下後所現的湛然虛空，才是「見者」安住的眞相。

波動的心猶如腦波的頻率

「國際腦波學會」依照不同的頻率（赫茲）將腦波分爲五類：代塔波 δ、西塔波 θ、阿法波 α、貝塔波 β、伽瑪波 γ，不同的腦波頻率代表不同的思惟模式。在此藉用腦波作類比，形容看不見卻又波動不已的心。

代塔波 δ（0.1~3 赫茲）爲「無意識」的腦波，是深睡的狀態，此時的「心」無法進行分別。西塔波 θ（3~8 赫茲）爲「潛意識」的腦波，是淺眠或作夢的狀態，此時的「心」難以進行分別。

阿法波 α（8-14 赫茲）是介於「潛意識」和「顯意識」的橋樑波，當理性思考時，阿法波 α 消失；當休息放鬆時，阿法波出現。阿法波的「心」是放鬆、自覺又不想起執著分別的狀態。據研究，處於阿法波的狀態容易有最佳的表現，禪修冥想時也會出現這種腦波。

貝塔波 β（14-30 赫茲）爲「顯意識」的腦波，是一種處在警覺活動的狀

態，此時的「心」在進行強烈、果斷、或執著的分別。處於貝塔波時，雖可依據自己的意志力處理各種事務，常此以往則會因為壓力過大、身心緊繃而導致疾病。

伽瑪波 γ（30 赫茲以上）為「覺醒意識」的腦波，此時「心」專注一處、不起執著的分別，是接近「真心」的狀態。根據 2004 年美國威斯康辛大學和達賴喇嘛僧團的合作研究，發現已有 15 到 40 年禪修經歷的僧侶組在靜坐時，大腦所測得的阿法波、伽瑪波皆十分顯著，甚至在靜坐前後也是如此。一般人在專注時，伽瑪波的頻率約 30 赫茲，而僧侶組的伽瑪波卻可高達 130 赫茲以上。

波動的心猶如大海

《楞伽經》：「譬如巨海浪，斯由猛風起，洪波鼓冥壑，無有斷絕時。『藏識』海常住，境界風所動，種種諸識浪，騰躍而轉生。」

《楞伽經》則將波動不已的心類比為大海。經云，八識猶如巨大的海浪，海浪是因為起猛烈的狂風，而六境就是海面上的狂風，猛風一掀，海面即騰躍出心識的大浪，沒有斷絕的時候：前五識是飛濺的小浪花，六、七識是浮動的大波浪，而第八識「藏識」則是深沉寧靜的常住大海。

凡夫的心不停被六境的狂風翻攪，因而產生無止盡的煩惱痛苦。學習「瑜伽」就是在學習不被外境擾動的方法。然而外境是內「心」的投射，故止息的對象是「心」衍生的波動，波動分為沒煩惱的思緒和有煩惱的情緒。

1.5 波動有五種，沒煩惱和有煩惱的。

वृत्तयः पञ्चतय्यः क्लिष्टाक्लिष्टाः ॥५॥

vṛttayaḥ pañcatayyaḥ kliṣṭākliṣṭāḥ ॥5॥

什麼是煩惱

「煩」是煩躁擾動，「惱」是惱亂身心，能擾亂有情眾生之身心者稱為「煩惱」，有「不寂靜行相續而轉」的特性。一切凡夫眾生皆因貪愛「我」的慾望而引起無盡的煩惱，若能離開對「我」有執著的慾望就可以沒有煩惱。

煩惱又名「隨眠」，是指未現行的煩惱種子永遠跟隨並沉眠在每世的異熟識，令眾生不斷輪迴。煩惱又名「纏、縛、結」，每世的我不停攀緣五境而令煩惱重複現行，現行後的煩惱稱為「纏、縛、結」，在形容煩惱「纏擾、繫縛、糾結」的狀態。

煩惱又名「麤重」，在強調煩惱的麤（粗）重會失去「堪能性」，令人無法承擔重任。煩惱又名「習氣」，強調無量的煩惱種子因累世的熏習而有一種慣性力量，令人在今世不得自在。煩惱又稱為「漏」，強調心不停在洩漏流竄著各種煩惱。

煩惱的結果是痛苦

各種煩惱障礙了眾生本有的思惟能力，令人失去理智、造作惡業而帶來痛苦。煩惱會產生「八種苦果」：生、老、病、死、怨憎會、愛別離、

求不得、五蘊熾盛。「生苦」是因為無法作主每世將出生在何處，「老苦、病苦、死苦」在每生每世都無法避免，且一定會發生。

「怨憎會苦」是與自己怨憎的人相會而苦，「愛別離苦」是與自己喜愛的人別離而苦，「求不得苦」是因為我的慾望無盡卻未能被滿足而苦，「五蘊熾盛苦」是指五蘊和合的我只是因緣聚合的暫時有，眾生卻執以為有恆常自主的實有我，因「我貪、我痴、我慢、我見」而造成了猛烈的痛苦。

痛苦的依止處是五蘊「我」

痛苦的依止處就是「五蘊和合之假名我」。我只是由五蘊（色蘊、受蘊、想蘊、行蘊、識蘊）和合積集而有，所謂的「我」也只是假立施設的名字，不是真實有我，**色蘊**只是我的根身和器界（五根、六境），**受蘊、想蘊、行蘊**只是我的各種「心所」，**識蘊**只是我的八識「心」。

「五蘊」只是暫時假合的色身和識心，由父精母血緣聚而有、衰老病死緣散而滅，並無自生、自成、自主之實有「我」，只有八識種子的「生滅相續相」，這些種子遇緣則起現行，並不需要有「我」這個條件在其中。但是無始以來，凡夫對「我」有無明的痴迷而產生「我執」，「我執」是一切煩惱的源頭。

世尊在經典中不斷教導眾生要「無我」，是要對治眾生的「我執」。「無我」不是要否定「世俗諦」有一因緣和合之暫時五蘊我，而是要否定有一永恆不變、自生自成的主宰我。對「我」有執著是煩惱痛苦的源頭，放下「我執」就沒有煩惱痛苦，而是解脫的痛快。

六種最根本的煩惱

眾生有六種最根本的煩惱：貪、瞋、痴、慢、疑、惡見，凡夫依此六「根本煩惱」又衍生出伴隨而來的「大隨、中隨、小隨煩惱」。各種煩惱產生各種痛苦因而造作各種惡業，惡業又引起煩惱而招感無盡的苦果。

一、貪：《成唯識論》：「云何爲貪？於有、有具染著爲性，能障無貪，生苦爲業，謂由愛力取蘊生故。」

「貪」是貪求，是人性的根本慾望。眾生貪愛「我的根身及我所依托的」物質資具要有更好的享受，即我的「眼根、耳根、鼻根、舌根、身根」要享受五境的「好色、好聲、好香、好味、好觸」且無有厭足，具有「染著的心理作用」。

對物慾的貪愛只會引起煩惱導致痛苦，因爲眾生的慾望沒有上限。**貪慾**是六道眾生輪迴的根本原因：「欲界」的人道眾生特別貪愛財、色、名、食、睡；「色界」的天道眾生特別貪愛禪定的樂受；「無色界」的天眾貪愛空無色身的樂受。

二、瞋：《成唯識論》：「云何爲瞋，於苦、苦具憎恚爲性，能障無瞋，不安隱性，惡行所依爲業，謂瞋必令身心熱惱起諸惡業，不善性故。」

「瞋」是瞋恚，是憤怒的情緒。「瞋」是睜大雙眼，「恚」是憤恨之心。瞋恚是因爲我的貪慾未獲滿足而心生怨懟，對這樣的結果不滿而感到痛苦，因痛苦而喪失理智於是又造新殃，具有「**不安隱的心理作用**」。

憤怒的情緒若不能被安撫或自行疏洩，將累積成怨恨，令身心產生惱亂的狀態，結果必是惡毒的言語或暴戾的行爲，不但傷害他人更會障礙自己的福報和功德，故經云「一念瞋心起，百萬障門開」，又云「一念瞋心起，火燒功德林」。

三、痴：《成唯識論》：「云何爲痴，於諸理事，迷闇爲性，能障無痴，一切雜染所依爲業，謂由無明起疑、邪見、貪等煩惱，隨煩惱業，能招後生雜染法故。」

「痴」是愚痴無明，是一團不清不楚的思路。愚痴無明的人思想觀念顛倒，對因果迷惑不解又無法信受正理，故在一切法（人事物）上起自己的妄想執著，導致思緒混屯，具有「**迷闇的心理作用**」。

「愚痴」無明是有情生死流轉的根本，一切雜染煩惱的來源，眾生因無明而起「貪愛」，因貪慾未能滿足而生「瞋怨」，只能在「貪、瞋、痴……」的循環中不斷輪迴。

四、慢：《成唯識論》：「云何爲慢？恃己於他，高舉爲性，能障不慢，生苦爲業。」

「慢」是傲慢凌他，是一種不知謙卑的心態。恃仗自己博學多聞、或族姓高貴、或容貌美麗，或有錢有勢而貢高我慢，具有「**高舉的心理作用**」。傲慢之人自以爲了不起而無法謙卑，人際關係將無法和協，最終招致苦果。傲慢有七種，最難覺察的是「我慢」。

（一）**我慢**：執著計著於「五蘊暫時假合的身心」爲自主、自成的實有我，而不自覺的凡事以我爲是。（二）**增上慢**：修行之人尚未得定卻言已得定，尚未證果卻言已證果。（三）**邪慢**：無德、無能、無善行之人，卻認爲自己有德、有能、有善行。

（四）**卑慢**：內心自卑，卻表現出自大自傲。（五）**輕慢**：我勝過對方，便輕蔑鄙視不如我的人。（六）**過慢**：我和對方相等，我卻認爲勝過他；或我不如對方，我卻認爲和他相等。（七）**慢過慢**：對方勝過我，我卻認爲勝過他。

五、疑：《成唯識論》：「云何爲疑？於諸諦理，猶豫爲性，能障不疑、善品爲業，謂猶豫者善不生故。」

「疑」是懷疑，對眞理感到猶疑。對佛陀親證之「四聖諦、萬法唯心」等教理感到懷疑、遲遲無法信解，因而不能修持善法，障礙自己和他人對正法的信心，具有「**猶豫**的心理作用」。

「四聖諦」是苦、集、滅、道四諦：「苦諦」是八種苦果，「集諦」是造成苦果的原因（煩惱）；「滅諦」是聖者證果的境界（已息滅一切煩惱），「道諦」是轉凡成聖的修行方法。「萬法唯心」是唯識學派的核心教理，將在後文陸續詳述。

六、惡見：《成唯識論》：「云何不正（惡）見？於諸諦理，顚倒推求，染慧爲性，能障善見，招苦爲業。」

「惡見」是錯誤的見解，不正確的思想觀念。眾生若無正教的引導，容易對一切法（人事物）有錯誤的思惟和推求，障礙善見的生起而招致苦果，具有「**染慧**的心理作用」。惡見有五種，其中最難覺察的是「身見」。

（一）**身見**（又稱薩迦耶見）：「身見」是誤認五蘊假名、因緣和合、種子熏現、變化無常的「我身」爲不變自主的實有我，是輪迴的根本原因。（二）**邊見**：因執著有「我身見」而虛妄計度死後的我將恆常不滅，或計度死後的我即驟然斷滅，落「常見、斷見」二邊錯誤的見解。

（三）**邪見**：認爲世間並無因果法則的安立，以爲一切法的生起只是偶然，謗無因果的作用。（四）**戒取見**：對戒條所起之妄見，例如錯將某些荒誕不經的苦行當成可以解脫的方法。（五）**見取見**：在前述諸惡見，再加上自己的執著謬見。

八識有各自的煩惱

眼識、耳識、鼻識、舌識、身識等五識只有「貪、瞋、癡」三煩惱，沒有「慢、疑、惡見」，因為五識的計度分別力較弱，缺乏傲慢、懷疑、惡見的思量。第六識因為計度分別力最猛烈，含括了「貪、瞋、痴、慢、疑、惡見」六根本煩惱。

第七識沒有計度分別的能力，但與生俱來即染覆「我貪、我癡、我慢、我見」四根本煩惱，其中沒有「我瞋、我疑」，是因為第七識不會對「我」瞋怒、也不會懷疑有「我」的存在。第八識猶如倉庫，對一切善、惡、無記種子照單全收，毫無計度分別的能力故沒有煩惱。

對治煩惱就能自我解脫

六根本煩惱中，「貪、瞋、痴、慢、疑」屬於較難覺察的習氣，其中較容易對治的是「疑」，僅第六識有。而五種「惡見」則屬於較易覺察的知見煩惱，也僅第六識有，因此也較容易對治。

《雜阿含經》：「何等為沙門果？謂須陀洹果、斯陀含果、阿那含果、阿羅漢。何等為須陀洹果？謂三結斷。何等為斯陀含果？謂三結斷、貪恚癡薄。何等為阿那含果？謂五下分結盡。何等為阿羅漢果？謂貪恚癡永盡、一切煩惱永盡。」

就小乘行者的果位而言，有初果（須陀洹果）、二果（斯陀含果）、三果（阿那含果）、四果（阿羅漢果）四種聖位。《雜阿含經》云，只要斷除「三結」就能成為初果聖者，三結是疑、身見、戒取見。二果聖者斷三結外，還能減少貪、瞋、痴的習氣。三果聖者斷三結外，還斷除了貪、瞋習氣。四果阿羅漢已永遠斷除貪、瞋、痴，一切煩惱永盡。

1.6 波動有「正量、顛倒、妄想、睡眠、憶念」。

प्रमाणविपर्ययविकल्पनिद्रास्मृतयः ॥६॥

pramāṇa viparyaya vikalpa nidrā smṛtayaḥ ॥6॥

八識中的主角是第六識，因爲第六識的計度分別力最強烈，能引起五種波動：正量、顛倒、妄想、睡眠、憶念。「正量」是第六識所作的正確思緒，不會引起煩惱；而「顛倒、分別、睡眠、憶念」是第六識所起的妄想，會引起煩惱。

世界的組成有「百法」

世親菩薩的《百法明門論》將構成世界的要素歸結爲五大類、一百種法，簡稱「百法」，闡明了有爲法世界（世間法）、無爲法世界（出世間法）的一切現象。

第一類心法有 8 種，即前述八識。第二類心所法有 51 種，是八識衍生的善、惡作用。第三類色法有 11 種，是五根、六境。第四類不相應行法有 24 種（以上 94 法屬於有爲法）。第五類無爲法有 6 種，合稱爲「百法」，將於後文陸續詳述。

有爲法的世界是眾生的「我能見＋我所見」，我能見是「心法、心所法」；我所見是「色法」。我的「心、心所」是複雜的內心世界，由內心投射的外境是我所解讀的「色法」世界，是眾生的眼根、耳根、鼻根、舌根、身根，以及色境、聲境、香境、味境、觸境、法境。

什麼是「心所」？

八識「心」猶如君王,「心所」猶如大臣,君王若要有作為,須藉由大臣來造作事業:忠臣造作的善業稱為「善心所」,是正確的思緒;奸臣造作的惡業稱為「煩惱心所」,是負面的情緒。

「心所法」有 51 種:和思緒有關的是 11 種善心所、5 種修行心所、5 種思惟心所;和情緒有關的是 6 種根本煩惱,及其衍生的 8 種大隨、2 種中隨、10 種小隨煩惱等心所。另外還有 4 種可以引起煩惱、也可以不引起煩惱的心所稱為「不定」。

1.7「正量」是聖教量、比量、現量。

प्रत्यक्षानुमानागमाः प्रमाणानि ॥७॥

pratyakṣa-anumāna-āgamāḥ pramāṇāni ॥7॥

每個人因計度「衡量」的能力不同，而對接收的信息有不同程度的理解。「正量」是第六識所作的正確思量，有三種：聖教量、比量、現量。修行就是不斷熏習「聖教量」，進而對一切法作正確的推度「比量」，最終證得聖者的「現量」。

聖教量

《瑜伽師地論》謂，一切智者所為之言說稱為「聖教量」，智者可泛指受到世人尊崇者，於佛教而言是開悟的聖者。而所為之「言說」須符合三個條件：所說不違背經教正理、所說能對治根本煩惱、所說不違背諸聖之言教。

比量

「比量」是第六識的推度比較，是由已知之境，推求未現之境，如隔岸見煙，比知有火。「比量」有自比量和他比量，正確的「自比量」是對經教法理有正確的思惟推理，功能是自悟；正確的「他比量」能將經教法理如實的表述出來，作用是悟人。

現量

「現量」是第六識已無我的計度分別，自唯照境，客觀映現，即五根對五境產生五識的「直觀」作用，此時第六識不起虛妄執著的分別，故「現量」也是證果的境界。故證得「現量」之聖者所為之「比量」言說是為「聖教量」。

十一種「善心所」

「善心所」是修養心性、廣植福田的正向思惟，也是聖者所宣揚的「聖教量」。11 種「善心所」能教導我們對一切法（人事物）作出正確的「比量」推理，不但能對治煩惱長養功德，還能與眾生廣結善緣增長福德。

前六識都有「善心所」，但以第六識的推理能力最強，修行人只要能深入其中一種心所，便能等隨牽引其它的善心所，彼此是相互助伴的關係。「善心所」是十分殊勝的善法，能成就世間（世俗的世界）、出世間（出世的修行世界）的福德、功德業，而且是生生世世的累積，不會散失。

一、信心所：《成唯識論》：「云何為信？於實德能深忍樂欲，心淨為性，對治不信，樂善為業。」

學佛若要入道，信仰是第一步。「信」是能正確理解佛法而產生信心，有了信心而欣願追求真理，因為獲得真理而產生喜樂，因為喜樂而更加深信正理，這種增上的勢力會產生一種希望，能幫助修行人不斷成就世間、出世間的善法，最終成就聖道。

信仰的本質是純粹無疑、不帶條件的，能令心澄清，故具有「心淨的精神作用」。佛教是「無神論」的信仰，強調的是自求內證，非仰賴他力而成就；相信的是眾生皆有佛性，只是被「我執」引起的煩惱遮蔽，只

要滅除我執的妄想，一切眾生皆能成佛，此即《妙法蓮華經》所闡述的「唯一佛乘」之理。

二三、慚心所、愧心所：《成唯識論》：「云何爲慚？依自法力，崇重賢善爲性，對治無慚，止息惡行爲業。云何爲愧？依世間力，輕拒暴惡爲性，對治無愧，止息惡行爲業。」

「慚」是深自反省以往所造之惡業，因感到羞恥而「自慚形穢」，此後見到有德之人則心生崇敬，並能見賢思齊，具有「崇重賢善的精神作用」。「愧」是對他人作出之惡言惡行，心生後悔而感到「愧對他人」，從此輕蔑粗暴的惡行，不再對他人肆意妄爲，具有「輕拒暴惡的精神作用」。

誠心反省、懺悔前愆，對自己以往因貪、瞋、癡所造之身、語、意惡業，有深沉的覺悟和悔過，且發誓不再重犯，而後才可以順利修行。凡夫之心猶如有垢漬的杯盆，若不先清理污垢即注入清水，將使修行事倍功半；若能發起慚愧之心，猶如先清理污垢再注入清水，修行將事半功倍。

四、精進心所：《成唯識論》：「勤爲精進，於善惡品，修斷事中，勇悍爲性，對治懈怠，滿善爲業。」

「精」是心不雜亂、精純無惡，「進」是勇猛不退、說改就改，具有「勇悍的精神作用」。「精進」能對治懈怠，無論在世間、出世間皆能成就一切利益自己和眾生之事業或道行，故「精進」有遠離惡法，圓滿善法的力量。

精進有三種：被甲精進、攝善精進、利樂精進。「被甲精進」是發勇猛之大願，誓成大事猶如被甲臨敵之大威勢；「攝善精進」是自身努力不懈增上修行一切善法；「利樂精進」是對利益一切眾生之事毫無懈怠。

五六七、**無貪、無瞋、無痴心所**：《成唯識論》：「云何無貪？於有、有具無著爲性，對治貪著，作善爲業。云何無瞋？於苦、苦具，無恚爲性，對治瞋恚，作善爲業。云何無癡？於諸理事明解爲性，對治愚痴，作善爲業。」

「無貪、無瞋、無癡」稱爲三善根，有生長孕育一切善法的作用。有了信仰的力量和慚愧的心，於是開始精進捨離貪、瞋、痴三種煩惱。貪（慾）無所不在，瞋（怨）最爲內耗，痴（迷）是煩惱的源頭，因此「無貪、無瞋、無痴」是精進修行的首要對象。

「無貪」是不再輕易對「我、我所」（我的根身、我所擁有或想要擁有的一切物質）產生貪愛的慾望，具有「**無著的精神作用**」（無著是不縛著）。「無貪」能對治貪著引起之煩惱，還能助伴生發其它的善心所。

「無瞋」是不再因慾望未獲滿足，而輕易讓自己生氣或讓他人惱怒，具有「**無恚的精神作用**」（無恚是不憤怒）。「無瞋」能對治瞋恚引起之煩惱，還能助伴生發其它的善心所。

「無痴」對自己的內心和所面對的外境不再迷惑不解，能明瞭一切煩惱的來源是因爲對「我」有痴迷，具有「**明解的精神作用**」（明解是能解開一團無明）。「無痴」能對治愚痴引起之煩惱，還能助伴生發其它的善心所。

八、**輕安心所**：《成唯識論》：「安謂輕安，遠離粗重，調暢身心，堪任爲性，對治昏沉，轉依爲業。」

「輕」是因爲遠離貪、瞋、痴的粗重，「安」是身心舒暢調達。捨離粗重的煩惱猶如卸下身上的石頭，從此感到輕鬆自在。身心「輕安」才有

能力承擔世間（世俗事業）、出世間（如來家業）的重任，因此具有「**堪任的精神作用**」。

五識身有堪任性稱爲「身輕安」，第六識有堪任性稱爲「心輕安」。「輕安」是清淨無礙的狀態，能對治「昏沉」，「昏沉」令人斷事不明，入座無法觀修所緣境，是做事和修行的障礙。

九、不放逸心所：《成唯識論》：「不放逸者，精進三根，依所修斷，防修爲性，對治放逸，成滿一切世出、世間善業。」

「不放逸」是因爲持續在「無貪、無瞋、無癡」三善法上精進、產生輕安的堪能性，從此修行之路不再放逸。因爲能阻斷惡法的妨礙，故具有「**防修的精神作用**」。「不放逸」能對治「放逸」，能幫助成滿世間、出世間的一切善業。

十、行捨心所：《成唯識論》：「云何行捨，精進三根，令心平等、正直，無功用住爲性，對治掉舉，靜住爲業。」

「行」是心行，「捨」是捨離貪、瞋、痴，精進修行「無貪、無瞋、無癡」三善根。由於身心輕安，因而不再放逸，從此心能相續安住，不浮不沉，平等正直。

此時修行境界更上層樓，功夫毋須刻意造作已能自然運用，因此具有「**無功用住的精神作用**」。「行捨」能對治「掉舉」（躁動不安的心行），入座修行時不再打妄想，心能相續寂靜而住。

十一、不害心所：《成唯識論》：「云何不害，於諸有情不爲惱損，無瞋爲性，能對治害，悲愍爲業。」

「不害」是已經不會再做出惱害、損害、傷害有情眾生的事，具有「**無瞋**的精神作用」。因此「無瞋」即是「不害」，二者差別在於「無瞋」是慈，「不害」是悲；「慈」能予樂，「悲」能拔苦。不再瞋怒就不會有熱惱的情緒，是對自己慈悲，也是對他人慈悲。

兩隻狼的故事

很久很久以前，一位老酋長向小孫子講了一個「兩隻狼」的故事。老酋長說，我的內心有兩隻狼，彼此一直在互鬥、交戰。

一隻是惡狼，牠的名字是貪婪、生氣、嫉妒、驕傲。另一隻是善狼，牠的名字是慷慨、喜悅、關懷、謙和。同樣的爭鬥，在每個人的內心都進行著，也在你的內心進行著。

默默聽著故事的小孫子陷入了沉思，然後問他的祖父：「最後是哪隻狼戰勝了？」老酋長說：「孩子，你一直在餵養的那隻狼贏了。」

1.8「顚倒」是對「色法」本質產生錯謬的認知。

विपर्ययो मिथ्याज्ञानमतद्रूपप्रतिष्ठम् ॥८॥

viparyayo mithyā-jñānam-atadrūpa pratiṣṭham ॥8॥

「色法」世界

「色法」世界包括了眾生的五根、六境，可泛指一切可見之物質現象，
也是引起眾生貪欲愛染的對象。五根是眾生的「眼根、耳根、鼻根、舌
根、身根」，和各自攀緣的五境「色境，聲境，香境，味境，觸境」，
這些「色法」具有**變壞**、**質礙**的特性。

特別的是，第六識的「法境」也歸屬於色法。「法境」有最多、最複雜
的心所，包括 26 種有煩惱的、21 種沒煩惱的、4 種不定、24 種不相應
行法。「法境」雖屬於色法，但此境沒有質礙性，外相又不顯，因此又
稱爲「無表色」的色法。

一切法唯識所現

「色法」之法即前述「一切法」，包括現象界的一切人、事、時、地、
物；「百法」之法則是指組成人、事、時、地、物不可見的基本元素，
這些元素有各自的特性。而「佛法」的則專門指佛陀所宣說的教理道法，
概念不同於前述兩者。

所謂的「眾生」也是色法，是第八識所變現的「根身、器界」。「根身」
是天、人、畜生等有情眾生；「器界」是草木、山河、大地等無情眾生。

有情、無情皆是「眾緣和合而生」，二者實爲同體而異名，因爲一切法**唯識所現**。

有為法的顛倒世界

《瑜伽師地論》：「煩惱顛倒攝者謂七顛倒。一想倒、二見倒、三心倒、四於無常常倒、五於苦樂倒、六於不淨淨倒、七於無我我倒。想倒者謂於無常、苦、不淨、無我中起常、樂、淨、我、妄想分別。見倒者謂即於彼妄想所分別中，忍可、欲樂、建立執著。心倒者謂即於彼所執著中貪等煩惱。」

《瑜伽師地論》曰，凡夫對所見色法有七種「顛倒」的認知而產生煩惱痛苦，分別是顛倒想、顛倒見、顛倒心、顛倒常、顛倒樂、顛倒我、顛倒淨。**顛倒想**是在「無常、痛苦、無我、不淨」的有爲法世界中起「常、樂、我、淨」的妄想分別；**顛倒見**是對這種「常、樂、我、淨」的妄想分別非常確認、愛樂、執著；**顛倒心**是因爲對「常、樂、我、淨」非常執著而生起貪慾、瞋恚、無明、惡見等等煩惱。

在有爲法的世界中，一切法變化「無常」，眾生卻以爲我所擁有的一切應該要恆「常」久遠；在有爲法的世界中，一切法變化無常的結果是「痛苦」，眾生卻將短暫的物質享受當成快「樂」；在有爲法的世界中「無法得見眞我」，眾生卻將妄想執著的我當成「眞我」；在有爲法的世界中充滿了煩惱的「不淨」，眾生卻無視於此，習慣於煩惱就是清「淨」。

「無為法」的常、樂、我、淨

在法爾如是的「無爲法」世界才有眞正的「常、樂、我、淨」。「常、樂、我、淨」是諸佛法身所俱有之四德：「常」是如來法身覺體常住，永恆不變；「樂」是如來法身永離煩惱諸苦，住於大樂；「我」是如來

法身自在無礙，遠離有、無二執之眞我；「淨」是如來法身離垢無染，
湛然清淨。

1.9「妄想」是以「名言」逕自認知事物而無實義。

शब्दज्ञानानुपाती वस्तुशून्यो विकल्पः ॥९॥

śabda-jñāna-anupātī vastu-śūnyo vikalpaḥ ॥9॥

「名言」是不斷在作思量分別的心理活動，主要是第六識在作分別。「名」包括「文字、名稱、句子」（以下簡稱「名句文」），用以詮釋一切法（人事時地物）：各種文字的組合能產生名稱，各種名稱的組合能產生句子，各種句子的組合能產生涵義；「言」是藉由「名句文」的組合所進行的「意言或語言」。

「名言」是第六識的虛妄分別

《大乘密嚴經》：「瓶衣車乘等，名言所分別，色相雖可說，體性無所有。世間眾色法，但相無有餘，唯依相立名，是名無實事。」

《大乘密嚴經》云，日常生活中的瓶子、衣服、車乘（色相）等等，都是人為施設的名稱，所見色相雖可藉由「名句文」來描述，但卻無法呈現出這些色相的真實本體。因此任何由「名句文」描述的人事物都沒有完整的真相（只能描述最後一刻呈現的冰山一角）。

虛妄的「能分別、所分別」互為假立

「名言」是我們心識的活動，主要是第六識在作虛妄的分別。名言有意言和語言，「意言」是沒有聲音的語言，「語言」是有聲音的意言。第六識隨色相之「名」起想而有心相，此心相又引發心想，是「能分別、所

分別」的循環過程，而「能分別」必帶有我執和煩惱，所以是失真的「所分別」。

故《大般若波羅蜜多經》謂，「名」皆是客、「名」皆是假立，由人為施設的「言說」而起，亦為眾緣和合而有。「名言」依一切法的色相而立，而一切法的色相只是暫時的因緣有，用以描述一切法色相的「名句文」也沒有客觀的真相，不應執著。

「有為法」是名言假立的世界

「有為法」的世界是由「文字、名稱、句子」建構的世界，因為一切法必須藉由「名句文」的描述而有意義，眾生也是藉由「名句文」彼此才得以溝通。然而「名句文」施設的涵義只是人為的約定俗成，是在某個空間、某段時間刻意施設的暫時有，並無永恆的真實義。

故《瑜伽師地論》說，名言無法真實安立各種色相，各種色相也非藉由名言就能真實安立。然而，眾生早已被洗腦，以為我用「名言」描述的能分別為真，我所描述的一切法為實，而不斷輪迴在自己虛妄的「能分別、所分別」，起種種妄想而煩惱痛苦。

凡夫的八識都是「名言種子」

眾生的八識有各自熏習的種子，「種子」也稱為「習氣」，會令凡夫在這一生有一種不得不做的慣性思惟和言行。而在八識中不停進出的種子都稱為「名言種子」，因為凡夫的心識必須藉由「名句文」才得以運作。「名言種子」又分為兩種：我執種子、業種子。

一、我執種子：是指前七識（以第六識為主角）「能熏習」的種子。當凡夫的第六識藉由五識認識外境時，必受第七識的影響，故熏現的「名言種子」必帶有我執習氣。「我執種子」也是前七識「能執著之名言、所

執著之名義」互相熏習而成，這些種子遇緣後生現行，是眾生直接所見的「執著相」。

二、業種子：是指第八識「所熏習」的種子。凡夫無始以來不斷在假立的「名言」中熏習，能熏習的是前七識的「我執種子」，所（被）熏習的是第八識的「業種子」。「業種子」是在名言熏現的過程中，因造重大之善、惡業，而特別助長來生之果報的種子，這些種子遇緣後生現行，是眾生間接所見的「因果相」。

不是風動不是幡動，仁者心動

《六祖壇經》：「時有風吹幡動，一僧曰風動，一僧曰幡動，議論不已。惠能進曰：非風動，非幡動，仁者心動。……惠能曰：爲是二法，不是佛法，佛法是不二之法，蘊之與界，凡夫見二，智者了達其性無二，無二之性即是佛性。」

六祖惠能大師因授受五祖所傳之衣鉢而遭人追殺，隱藏在獵人堆裡修行了十五年才出來弘法，初到廣州法性寺時，看到兩位僧人在討論「風吹幡動」的問題，一僧說是風在動，一僧說是幡在動，對此議論不已。

惠能大師見狀後說，不是風動、也不是幡動，是妄想分別的「心」在動。後有法師請教深意，惠能大師遂進一步解釋，有爲法的世界都是二元對立法，這不是佛法，佛法是不二之法。凡夫只能在五蘊、十八界中看到二元對立相；有智慧的聖者則明瞭都是自己的名言習氣在做虛妄執著的分別，因此眞相是不二，而無二之性就是「佛性」。

有爲法的一切（人事時地物）須藉由「名句文」來描述，而最簡單的描述就是二元對立法。「無爲法」的世界如如不動，是聖者所處的眞常世界，無法用「名句文」描述。故老子在《道德經》開宗明義即說，一切法的

真實義無法用名言描述，一用名言即遠離該法的真相。

道可道非常道，名可名非常名

《道德經》曰：「道可道非常道，名可名非常名。無名天地之始，有名萬物之母，故常無欲以觀其妙，常有欲以觀其徼。此兩者同出而異名，同謂之玄，玄之又玄，眾妙之門。天下皆知美之為美，斯惡已；皆知善之為善，斯不善已，故有無相生，難易相成，長短相形，高下相傾，音聲相和，前後相隨。是以聖人處無為之事，行不言之教，萬物作焉而不辭，生而不有，為而不恃，功成而不居，夫唯弗居，是以不去。」

老子說，真實恆常之「道」不能言說，一用言說就不是真實之「道」；真實恆常之「名」無法用名稱表達，一用名稱就不是真實之「名」。（如果勉強用之）天地的開始名之為「無」，所衍生之森羅萬象稱之為「有」，（聖者在）真常之「無」能觀見空中之妙有，在真常之「有」能觀見妙有之極微。「有、無」雖是相異之名，二者其實為同體，這個同體非常玄奧，玄奧到言語道斷，因為此同體是萬象妙有的開始。

大家都知道，「美」這個名稱必須要有「惡」來對立才得以理解，「善」這個名稱必須要有「不善」來對立才能彰顯其意（有為法都是相對法），因此「有無」互生、「難易」互成、「長短」互形、「高下」互傾、「音聲」互和、「前後」互隨。

聖人明白「名言」的描述必定落入「二元的對立性」（是煩惱痛苦的原因），因此處「無為之事」、行「不言之教」，於是萬物自然興發不會失退、自然生長無須據有、自然作為不用依賴，功德成就也無人自居，因為不自居所以永遠不會失去。

一切聖賢皆以「無為法」而有差別

《金剛經》：「須菩提，於意云何？如來得阿耨多羅三藐三菩提耶？如來有所說法耶？須菩提言：如我解佛所說義，無有定法名阿耨多羅三藐三菩提，亦無有定法如來可說。何以故？如來所說法，皆不可取不可說，非法非非法。所以者何？一切聖賢皆以無為法而有差別。」

《金剛經》中，佛陀告訴須菩提：一切諸佛如來並沒有所謂得到了「阿耨多羅三藐三菩提（無上正等正覺）」，因為真實之法不能用「名句文」宣說，所以如來（佛）其實沒有在說法。須菩提回：「如果由我來解釋佛陀您真正的意思，是說沒有一個永恆的實法能用虛妄的「名句文」來表述，因此如來（佛）並沒有任何法可說。

須菩提繼續說，因為一切諸佛如來所要說的實法皆不能用「名言」表達，一旦用「名言」就乖離該法，已不是真實法。這就是凡夫和聖賢的區別，凡夫依賴二元對立性的表述，只能處在「有為法」的世界；而一切聖賢無為不二，所以能處在「無為法」的境界。

1.10「睡眠」是缺乏「所緣緣」的波動。

अभावप्रत्ययालम्बना वृत्तिर्निद्रा॥१०॥

abhāva pratyayālambanā vṛttirnidrā ‖10‖

《百法明門論》的 51 種「心所」中,除了 26 種有煩惱的情緒、21 種沒煩惱的思緒外,還有 4 種不確定的心所:「悔、眠、尋、伺」。這四種「心所」只有第六識有,可以起煩惱、也可以不起煩惱,可以為善、也可以為惡,不是固定的,故名「不定」。

例如,「悔心所」是一種悔過的心態。若對以往所做之「惡事」感到後悔,深自反省自然不起煩惱;若對所做之「善事」感到後悔(例如甘願為他人付出卻感到後悔),反覆追悔便會起煩惱。「尋、伺」二心所將在 1.17 頌闡述。

眠心所

《成唯識論》云:「眠謂睡眠,令身不自在,昧略為性,障觀為業。」《瑜伽師地論》云:「所緣緣者謂五識身等以五別境為所緣,第六識身等以一切法為所緣。」

根據《康熙字典》,「睡」是坐寢,垂目安神的狀態,「眠」是閉目橫躺的偃息,「覺」則是睡醒後的覺寤(悟)。故知,「睡眠」是以閉眼臥躺的方式進行身心的休養,而「睡覺」則是睡後的覺醒。

《成唯識論》謂,睡眠是第六識從清醒陷入大昏沉的狀態,會產生一種

暗劣不清的作用，令身心無法自在，具有「昧略的心理作用」。「昧」是昏昧不明，「略」是缺乏五根、五境的作用，即睡眠時沒有外境可攀緣，五根暫時不起作用。

適時適所的「睡眠」能修復身心、恢復體力，不會引起煩惱；反之，非時非所的「睡眠」則會引起煩惱，若將這種昏沉不明的狀態延續，還會障礙修行人「慧觀」的行持，難以生起智慧的簡擇性。

所緣緣

《瑜伽師地論》謂，「所緣緣」是心、心所攀緣的對象，即眼識攀緣之「色境」、耳識攀緣之「聲境」、鼻識攀緣之「香境」、舌識攀緣之「味境」、身識攀緣之「觸境」、意識攀緣之「法境」，此六境之現行也是一種緣，稱為「所緣緣」，可泛指現行之一切法（人事時地物）。

「睡眠」時沒有五境之「所緣緣」，只有第六識和相應的心所（法境）在作「昧略」的分別，這種只有第六識的作用稱為「獨頭意識」。例如，第六識若在睡夢中稱為「夢中意識」，打坐若能入定稱為「定中意識」，獨自陷入散亂的狂想稱為「獨散意識」。

一切法現行需要「四種緣」

「緣」就是「條件」，一切法（人事時地物）要現行必須有充分的條件，緣分要具足法才能生起。八識有各自的種子，種子能夠現行需要四種緣，除上述「所緣緣」外，還有「因緣、等無間緣、增上緣」。

阿賴耶識的一切種子不斷在熏習、現行，不是毫無章法的在進出，而是具足了相關的「緣（條件）」才能變現相關的法，即所謂「遇緣則發」。八識種子在變現時，是同時現行各自的「能分別、所分別」，這些能變現萬法的種子稱為「因緣」。

五識依於五根，第六識依於意根（第七識），第七識依於阿賴耶識，其中有無量的種子在前後串連、不斷生滅，相續無間，這種力量稱爲「等無間緣」；各類種子遇緣後，能現行出不同的法還需要不同的助伴條件，稱爲「增上緣」，俗稱助緣；而色、聲、香、味、觸、法六境是爲「所緣緣」。

1.11「憶念」是不忘曾經歷之境。

अनुभूतविषयासंप्रमोषः स्मृतिः ॥११॥

anu-bhūta-viṣaya-asaṁpramoṣaḥ smṛtiḥ ॥11॥

凡夫的前七識充滿我執的名言習氣，所起之分別難以和眞理契合，必是
虛妄失眞的分別，也稱爲妄想。「憶念」也是一種分別，主要是第六識無
法忘失過去曾經歷事，而將過去的憶念喚起、再作一次分別，稱爲「隨
念分別」。

「隨念分別」的特色是作選擇性的回憶，只會喚出在過去曾引起強烈波
動的憶念，特別是煩惱情緒交織出的波動。「隨念分別」在隨時隨地都可
以發生，因爲第六識能獨自運作、不用五境的助伴，故能隨憶事即起連
想、隨憶境即起追念。

三種分別

《大毗婆沙論》將眾生的「分別」歸納爲三種：**隨念分別、計度分別、
自性分別**。這些分別以第六識爲主角，第六識雖有強烈的分別力，但向
內會受第七識俱生我執的染覆，進而向外影響前五識的認知。

「隨念分別」以第六識相應之「念心所」爲體，是散亂的回憶和追念；
「計度分別」以第六識雜染的「慧心所」爲體，是虛妄的計度思量；「自
性分別」以第六識清淨的「慧心所」爲體，能不起我執，直接認知諸法
的自性本質。

從時間的角度來說，「隨念分別」是第六識的念心所對「過去境」進行的追想作用。「計度分別」主要是第六識的慧心所對「未來境」進行的推度作用。「自性分別」是第六識的慧心所對「當下境」直接進行的直觀作用。

五種波動都是分別

「顛倒」是煩惱的源頭，眾生因無明而在觀念上對一切法有**根本錯謬的分別**。「妄想」是帶有我執的計度思量，能隨時隨地在作**虛妄執著的分別**。「睡眠」是落入大昏沉的狀態，人生有三分之一的時間在作**暗昧不清的分別**。「憶念」是沒有在當下的狀態，因不忘過去事而陷入**追憶追悔的分別**。

修行人要練習的是「自性分別」，不起用第六識的執著而是妙觀察，也就是前述的「正量」：先熏習聖人開示的清淨教法（聖教量），而後對教法如理思惟和推度（比量），直到對境時只專注用五根直觀當下境，最終將證得「現量」。

1.12 止息波動的方法是「修行」和「離慾」。

अभ्यासवैराग्याभ्यां तन्निरोधः ॥१२॥

abhyāsa vairāgyābhyām tannirōdhaḥ ॥12॥

煩惱波動令人痛苦，止息波動的方法是「修行」和「離慾」。對初修者
而言，「修行」的前行功課是捨離「五欲」，即捨離對色、聲、香、味、
觸五境不停攀緣的慾望，因爲「五欲」是引起煩惱痛苦的直接誘因。

「慾望」是煩惱的異名，即六根本煩惱之首「貪」。慾望是一種貪愛的心
態，是引起其他一連串煩惱的根源，因此離慾是離開「貪慾」。「慾」字
通「欲」，凡夫的心猶如凹陷的山谷，因欠缺正確的觀念而產生不會滿足
的心態。

練習「離慾」

《瑜伽師地論》：「云何離欲？謂隨順離欲根成就故，從他獲得隨順教
誨故，遠離彼障故，方便正修無倒思惟故，方能離欲。云何離欲退？謂
性軟根故，新修善品者數數思惟彼形狀相故，受行順退法故，煩惱所障
故，惡友所攝故從離欲退。」

《瑜伽師地論》謂，要如何才能做到「離慾」？要隨順因緣讓五根捨離
對五境的攀緣，培養離慾的善根；要隨順聽聞他人的教誨，熏習正確的
思想觀念；要遠離會引起慾望、障礙修行的環境；要善巧方便的修正自
己原本錯誤的觀念，才能「離慾」。

為何「離欲的心」會退轉呢？因為個性和根器太過軟弱；或因初修時還忍不住思惟五境的慾相；或因無法正確思惟教理而心生退轉；或因煩惱太多而障礙精進；或受到惡友的影響而心生退轉。

「修行」有五種階位

《成唯識論》云：「何謂悟入唯識五位？一、資糧位，謂修大乘順解脫分。二、加行位，謂修大乘順決擇分。三、見道位，謂諸菩薩所住見道。四、修習位，謂諸菩薩所住修道。五、究竟位，謂住無上正等菩提。」

唯識學派將大乘佛法之修行分為五種階位；一、資糧位，二、加行位，三、見道位，四、修習位，五、究竟位。這五種次第分明的階位是大乘行者悟入唯識實性，趨向菩薩道的重要修法。

一、「資糧位」：修習大乘佛法首先要發願，要發「自覺、覺他」之菩提心，以廣大自己的心量，才能累積修行的**福、慧資糧**。福德資糧是布施自己的財物或時間以幫助他人；智慧資糧是聽聞佛法、思惟正道，長養自己的助道資本，「福、慧雙修」才能打好修行的基礎。

「資糧位」又稱為「順解脫分」，隨順修行的解脫法門是「**五停心觀**」，將在後文詳述。此位的修行目標是斷除「分別我執、分別法執」種子的現行，儘管二執種子依舊隨眠潛伏在第八識，但行者能覺察二執且能對治二執種子的現行。

二、「加行位」：「資糧位」猶如小火般持續不斷的修行，「加行位」則是加大火力的勇猛修行，為毫不懈怠的精進階段，準備剋期取證，目標是證入初地菩薩，故此位十分接近解脫的「見道位」。

「加行位」又稱爲「順抉擇分」，隨順修行的法門是有簡擇力的兩種**「唯識觀」**，將在後文詳述。「加行位」的目標是修到「能取空、所取空」的境界，此時若心中仍帶有「空相」則無法見道。

三、「見道位」：是超凡入聖、當下證道之果位，因爲對「空相」已無所得，又對法相、法性已經通達，故又名「通達位」。「見道位」是親證大乘初地菩薩，體驗眞如，初見「即空即有、非空非有」的中道實相，故名「見道位」。

四、「修道位」：初地菩薩見道後，還要斷除歷劫累世之習氣煩惱所顯之障礙，才能繼續向上登地，此後所修之道是爲菩薩道。菩薩從初地、二地⋯⋯到十地是不斷自覺、覺他的修道過程。

五、「究竟位」：是菩薩修行最後證得之極果，即成佛之果，此時已究竟斷惑證理，最極清淨，更無有上，是圓滿成就佛果的位階，稱爲「如來地」，住無上正等正覺。

1.13「修行」是努力穩定（心的）波動。

तत्र स्थितौ यत्नोऽभ्यासः ॥१३॥

tatra sthitau yatno-'bhyāsaḥ ‖13‖

修行的「修」是修煉，是去蕪（煩惱有漏的種子）存菁（清淨無漏的種子）的過程；「行」是執行力，是覺察起心動念的能力。瑜伽的修行法稱為「止觀」，修止能成就定力，修觀能成就慧力，不但能止息心的波動，更是究竟解脫的法門。

初探止觀法門

《解深密經》〈分別瑜伽品〉云：「慈氏菩薩復白佛言：世尊！此奢摩他、毘鉢舍那，能攝幾種勝三摩地？佛告慈氏菩薩曰：善男子！如我所說無量聲聞、菩薩、如來，有無量種勝三摩地，當知一切皆此所攝。世尊！此奢摩他、毘鉢舍那以何為因？善男子！清淨尸羅，清淨聞思所成正見，以為其因。世尊！此奢摩他、毘鉢舍那以何為果？善男子！善清淨戒、清淨心、善清淨慧，以為其果。復次，善男子！一切聲聞及如來等，所有世間及出世間一切善法，當知皆是此奢摩他、毘鉢舍那所得之果。世尊！此奢摩他、毘鉢舍那能作何業？善男子！此能解脫二縛為業，所謂相縛及麁重縛。世尊！如佛所說五種繫中，幾是奢摩他障？幾是毘鉢舍那障？幾是俱障？善男子！顧戀身、財是奢摩他障，於諸聖教不得隨欲是毘鉢舍那障；樂相雜住、於少喜足當知俱障，由第一故不能造修；由第二故所修加行不到究竟。」

《解深密經》〈分別瑜伽品〉中，彌勒菩薩問世尊：止觀法門含攝了幾種

圓滿的「三摩地」？世尊回答：無量小乘聲聞、大乘菩薩、諸佛如來所修持的無量種圓滿三摩地都不出止觀法門。彌勒菩薩又問：止觀法門的修行以何為因？世尊回答：以「清淨的持戒、清淨的聞慧、思慧所得之正見」為因。彌勒菩薩又問：止觀法門的修行以何為果？世尊回答：以得到「善清淨戒、善清淨心、善清淨慧」為果。又小乘聲聞、大乘菩薩、諸佛如來不論是在世俗間、或出世間所成就的一切善法，都是因為修持止觀法門而得善果。

彌勒菩薩又問世尊：修持止觀法門能產生什麼作用呢？世尊回答，修持止觀之人能獲得兩種解脫：「相縛」解脫（不再被外境所惑所擾）和「麁重縛」解脫（內心不再有粗重煩惱）。彌勒菩薩又問世尊：您所說的下面五種繫縛中，哪些會障礙修止？哪些會障礙修觀？世尊回答：「顧戀我身」、「顧戀我財」會障礙修止，「於諸聖教不得隨欲」（不能通達聖教）會障礙修觀。「耽於禪樂」、「得少為足」會障礙修止也障礙修觀：「耽於禪樂」於法不能深造，「得少為足」於法不得究竟。

1.14 恆常不輟和孜孜不倦是「修行」的基礎。

स तु दीर्घकालनैरन्तर्यसत्कारासेवितो दृढभूमिः ॥१४॥

sa tu dīrghakāla nairantarya satkāra-āsevito dṛḍhabhūmiḥ ॥14॥

修行的態度：不輟和不倦

修行之路是一條追求菩薩志業、最終成就佛果的道路，應具備堅忍不拔的毅力。「恆常不輟」是指修行的過程要經年累月，且持續不斷；「孜孜不倦」是指修行的態度要有興致和熱忱，才能精進不懈怠。

天台宗智者大師特別重視實修實證，寫了許多有關止觀法門的書，包括《小止觀》、《六妙門》、《摩訶止觀》、《釋禪波羅蜜次第法門》等等，又根據《彌勒問經》、《普賢觀經》等訂出五種懺悔方法，是修行人正式修行前應培養的心態，稱為「五悔、二十五方便」，以下是相關內容的摘述。

五悔

「五悔」是懺悔、勸請、隨喜、迴向、發願，可令身心清淨，減少修行的障礙。「懺悔」是陳露先罪，深自反省，悔不再犯。「勸請」是勸請佛陀住世，請轉法輪，宣教利益眾生。「隨喜」是喜悅地稱讚他人所做之善行。「迴向」是將所修之善法迴施一切眾生，同證菩提。「發願」是發願修習菩薩道，最要終成就佛果。

二十五方便

一、外訶「五欲」：五欲是指色欲、聲欲、香欲、味欲、觸欲。五欲是五種外境「色境、聲境、香境、味境、觸境」所引起的誘惑干擾，修行人應該練習斥責五欲，減少對五境攀緣的慾望。

二、內棄「五蓋」：五蓋是貪欲、瞋恚、睡眠、掉悔、疑慮。修行人應摒棄這五種會障礙定力和智慧的煩惱：貪婪的慾望、憤怒的習氣、貪睡的習慣、躁動不安的情緒、懷疑教理的想法。

三、具備「五緣」：五緣是衣食具足、持戒清淨、閑居靜處、息諸緣務、得善知識。最好在生活上已具備這五種有利修行的條件：不用為衣食奔波操勞、能淨心持守「十善業」、有安靜閑居的地方、不再因攀緣俗務而忙碌、已獲得長養道業的人事物。

四、調和「五事」：五事是指調心、調身、調息、調眠、調食。練習調心使之不沉不浮，練習調身使之不緩不急，練習調息使之不澀不滑，練習調眠使之不節不恣，練習調食使之不飢不飽，五事各須中庸。

五、勤行「五法」：五法是樂欲、精進、正念、巧慧、一心。應積極培養這五種有利修行的心態：樂於學習佛教正法，能思惟正法且精進不懈，保持正念不陷入二元對立，能分析煩惱的原因並善巧轉念，學習制心一處不再任意流散。

1.15 對所見聞之境不起貪愛、或產生貪愛後能制伏就是「離慾」。

दृष्टानुश्रविकविषयवितृष्णस्य वशीकारसंज्ञा वैराग्यम् ॥१५॥

dṛṣṭa-anuśravika-viṣaya-vitṛṣṇasya vaśīkāra-saṁjñā vairāgyam ॥15॥

慾望的直接來源：五欲

五境又稱爲「五欲」，因爲五境能令心直接生起貪慾。一、色欲：貪愛世間寶物、男女形貌等物質色相。二、聲欲：貪愛絲竹絃管、諂言綺語等妙音聲相。 三、香欲：貪愛一切芬芳濃郁之氣味。四、味欲：貪愛酒肉珍餚、厚甘酸辣之美味。五、觸欲：貪愛冷暖細滑、名衣上服等觸感。

另外一種五欲是大家比較熟悉的「財、色、名、食、睡」。「財欲」是不停追逐世間之財物、寶物等養身、飾身資具。「色欲」是貪戀男女之事，染著而不捨。「名欲」是太在意世間名聲，貪愛顯親榮己。「食欲」是過分重視佳餚美味、口腹之慾。「睡欲」是不知時節，怠惰正事，樂著睡眠而無厭。

慾望的結果是痛苦

《大智度論》云：「哀哉！眾生常爲五欲所惱而猶求之不已。此五欲者得之轉劇如火炙疥，五欲無益如狗咬骨，五欲增諍如鳥競肉，五欲燒人如逆風執炬，五欲害人如踐惡蛇，五欲無實如夢所得，五欲不久如假借須臾，世人愚惑貪著五欲，至死不捨，爲之後世受無量苦。」

《大智度論》謂，可憐的眾生常被「五欲」所苦惱，卻仍然追求不止。**「五欲」若獲得滿足，則猶如身上的疥瘡被火炙燒，只會更加劇痛；猶如犬狗在啃食沒有肉的骨頭，毫無益處；猶如老鷹在爭奪腐肉，只會引起更激烈的競爭；猶如手執火炬逆風而行，只會燒傷自己；猶如踩踏可怕的毒蛇，只會咬傷自己；猶如在夢中似有所得，醒來是一無所有。「五欲」獲得滿足後也短暫到不真實，世人愚惑，對「五欲」的追逐至死不捨，而在未來受盡無量的痛苦。

痛苦是因為一切法變化「無常」，從「無常」的角度來說，痛苦又分為三種，稱為「三苦」：壞苦、行苦、苦苦。「壞苦」是指所擁有的一切法（人事物）都將趨向變壞，且享受都是短暫的片刻，受完即無，沒有恆常的滿足感。「行苦」是指所擁有的一切法（人事物）都在進行著質變，沒有一刻相同，說失去就失去，毫無安定的感受。「苦苦」是指身心直接感受到的痛苦，說來就來，毫無抵擋力，如飢渴、寒熱、疾病等等，能逼惱身心。

慾望不會帶來快樂

德國哲學家叔本華說：「生命是一團慾望，慾望不能滿足便痛苦，慾望滿足便無聊，人生就在痛苦和無聊之間搖擺。」愛爾蘭詩人兼作家王爾德說：「人生有兩大悲劇，一個是慾望未被滿足；一個是慾望被滿足。後者更糟，是真正的悲劇。」

慾望未能滿足便起瞋怨，害了自己也苦了他人；慾望一旦被滿足，也不會就此滿意，而是引發更多慾望，因為「欲界」眾生的慾望沒有上限。這一生有福報可享，是相關因緣具足而後顯現的果報，和每個人有沒有慾望無關，因此古人說「命裡有時終須有，命裡無時莫強求」。

覺察貪慾

我們人道所處的世界稱為「欲界」，因此人有貪慾乃情有可原，否則不投生此界。然而眾生的思想觀念顛倒，以為貪慾會帶來快樂，殊不知貪慾只會引起一連串的煩惱，煩惱又帶來痛苦，是眾生不斷在三界六道輪迴的主因。

若要出離三界六道，先練習覺察內心無所不在的貪慾：**五識**攀緣五境就會不自覺的起貪慾，**第六識**的貪慾往往是後天學習的錯誤觀念，**第七識**的貪慾則是與生俱有，細微難覺。若能覺察到貪慾且當下制伏，便是定力；若覺察之後還能進一步分析原因，便是慧力。

覺察「期待」

「期待」是更難覺察的貪慾，需要更高的定力和智慧。說出口的貪慾是赤裸裸的「要求」，說不出口的貪慾是默默的「期待」。「期待」是內心有一團無法明說、但又盼望別人完成自己心願的慾望，將自己的慾望寄託在他人身上，還要他人去實踐，是一件非常辛苦的事。

「期待」無法明說，所以常常落空，落空便起瞋怨（生悶氣）。對他人沒有期待，就可以減少讓自己瞋怨，是對自己慈悲；若能讀懂（覺察）別人的期待，就可以減少對方的瞋怨，是對他人慈悲。但是我們應該對「自己」有期待，期許和期勉自己成為更有智慧和慈悲的人。

漁夫的故事

一位美國富商在墨西哥漁村的一個碼頭上，看著一位漁夫划著一艘小船靠岸。小船上有好幾尾珍貴的黃鰭鮪魚，美國富商對漁夫能捕獲這麼高檔的魚貨恭維不已，並問道：你為什麼不在海上待久一點、再多抓一些魚？漁夫回答：這些魚已經足夠我一家人生活所需啦！

富商又問，那麼你一天剩下的時間在做甚麼？漁夫說：我賣完魚獲後就回家陪陪老婆、和孩子們玩玩，傍晚時晃到村子裡，跟哥兒們喝個小酒、唱個歌，忙碌的很呢！

富商不以爲然地說道：我擁有美國哈佛大學企管碩士，我認爲你應該多花些時間去捕魚，到時候才有錢去買大船，大船可以捕獲更多的魚，之後可以買更多的大船，然後把大量的魚貨直接賣給加工廠……。

你甚至可以自己開一家魚罐頭工廠，控制整個加工生產線，將罐頭行銷到各國。然後，你就可以離開這個小漁村，搬到墨西哥城，你還可以移民到洛杉磯，或是去紐約，不斷擴大經營你的企業。

漁夫問道：然後呢？富商大笑著說：時機一到，你可以宣布股票上市，把你公司的股份賣給投資大眾，然後你就發啦！你可以幾億幾億地賺！漁夫再問：然後呢？

富商說：然後你就可以退休啦！你可以搬到海邊居住，每天悠閒自在，出海就隨便抓幾條魚，有空可以陪陪老婆、孩子，傍晚再到村子裡喝點小酒，跟哥兒們唱歌跳舞啊！

老子說「為道日損」

老子《道德經》云：「爲學日益；爲道日損，損之又損以至於無爲，無爲而無不爲。」

老子說，**世間**上作學問的方法是要不斷增益知識；而**出世間**修道的方法則要不斷減損貪慾，將貪慾減損到極微，以致於無爲，就是「無欲則剛」的境界。無欲是因爲「無我（執）」，無我是空，空是無限大，故能無所不爲。

無我故無所以畏懼，無所畏懼故能剛正自在，不再被慾望束縛就是大自在，是真正的快樂。所以，**快樂不是一直滿足貪慾**，而是不起煩惱；**智慧不是一直增加學問**，而是沒有我執；**慈悲不是一直付出給予**，而是不讓自己瞋怒也不害他人瞋怒。煩惱起源於我執，所以智慧是快樂的因，慈悲是快樂的果。

1.16 最上乘的離慾是慧解「一眞法性」變現的「三相（性）」。

तत्परं पुरुषख्यातेर्गुणवैतृष्ण्यम् ॥१६॥

tatparaṁ puruṣa-khyāteḥ guṇa-vaitṛṣṇyam ॥16॥

最上乘的離慾是直接看破一切「有爲法」虛妄的本質。此頌是大乘佛法的重要論述，要闡明「三界唯心、萬法唯識」的核心教理，即一切法「唯識所現」。「三相」是《解深密經》所要闡述的重要法義，是世尊「三時教法」中所轉的第三時法輪，也是世尊最終想要開顯的究竟了義之教。

世尊在三種時期的教法

「三時教法」的判教出自《解深密經》。「解」是解開，「深密」是深奧教理、隱密難懂。《解深密經》是佛陀最終想要闡明之教法，但不輕易宣說，緣分條件尚未具足故，若勉強宣說反而遭到誤解或毀謗，因此「深密」也有不應機不說，菩薩當機問法才說之意。

第一時「有教」：因外道、凡夫只趣向小乘聲聞道，故佛陀初轉法輪時爲其宣說四聖諦法，令小根者登聖位，代表經典爲《阿含經》，此法雖甚奇稀有，然而是應機所說之法，還有更深、更究竟的義理尚未涵容，是未了義，會引起後人的諍論。

第二時「空教」：世尊爲發趣修大乘之行者而說諸法皆空之理，闡述一切法「皆無自性、無生無滅、本來寂靜、自性涅槃」之深義，此法更加甚奇稀有，代表性經典爲《般若經》，但仍有隱密深晦之處未能徹底闡明，猶未了義，也會引起後人的諍論。

第三時「空有一如教」：世尊爲一切衆生宣說一切法「皆無自性、無生無滅、本來寂靜、自性涅槃、無自性性」，代表性經典爲《解深密經》，此法第一甚奇、最爲稀有，因爲徹底闡明了佛法所涵攝的甚深教義，能顯現眞了義，不會引起後人的諍論。

一切法乃八識所變現（八識有「三能變」）

《唯識三十頌》：「由假說我法，有種種相轉，彼依識所變，此能變唯三，謂異熟思量，及了別境識。……是諸識轉變，分別所分別，由此彼皆無，故一切唯識。由一切種識，如是如是變，以展轉力故，彼彼分別生，由諸業習氣，二取習氣俱，前異熟既盡，復生餘異熟。」

《唯識三十頌》謂，世間一切法（人事時地物）本無名相、名說，只有某段時空下人爲的假立施設，佛陀隨順教化衆生，也是勉強假藉「名言」來宣說。又一切法因緣和合而生、無因缺緣而滅，不停在生住異滅、成住壞空，此種種相轉都是「唯識」所變現。

第八識含藏的名言「種子」是萬法能變現的主因，其所變異的果是八識識體各自的「能分別、所分別」（見分、相分）。「識」雖有八，但轉化變異的功能歸結爲三種：第八識的異熟能變、第七識的思量我能變，前六識的了別境能變。

異熟能變

第八識也稱爲「異熟識」，是引業感得果報的衆生在每一世總報的識體，此識恆常相續，沒有間斷，屬於「無覆無記」。「無覆」是指異熟識的體性是單純的受報體，在每世的總結並沒有所謂善報、惡報之果。「無記」是指第八識沒有分別善惡的能力，照單全收一切種子。

第八識有「異熟能變」的作用，又稱爲「根本依」，能將所儲藏的「業種

子」變現出凡夫這一世的總報，此報即為「根身和器界」，根身是眾生這一世的六根色身，是為「正報」；器界是眾生這一世所面對的世界，包括不同的國家，山河大地、人事時地物等，是為「依報」。

思量我能變

第七識總是「恆審思量我」，此識恆常將第八識的見分執以為「我」，而無有間斷地相續思量我，屬於「有覆無記」。「有覆」是指第七識有覆蓋「惡」（我貪、我癡、我慢、我見）的能力。「無記」是指第七識雖沒有分別善惡的能力，但染污的作用會覆蔽原本的真我。

第七識有「思量我能變」的作用，令眾生將四大假合的五蘊身心執以為自成、自主之「我」，凡事以我為是而有種種煩惱。第七識又名「染淨依」，雖然真心被我執嚴重的覆蓋染污，卻有撥開烏雲、轉染成淨的本性，可藉由第六識的幡然悔悟，將妄我轉為真我。

了別境能變

第六識有「了別境能變」的作用，又稱為「分別依」，能強烈的了別善、了別惡、了別無記，但這種「了別」會有間斷的時候（七、八識恆常無間斷），如悶絕、深睡、或修入外道的無想定時，第六識就中斷。

前五識的了別力較弱，也會有間斷的時候，如閉上眼睛，眼識即中斷。五識對蒐集的信息一起分別就受到第六識的影響，因此前六識皆有「了別境能變」的作用，能分別善、惡、無記。

八識輾轉如是不停變異，是**前七識我執種子**的「能變異」在**第八識業種子**的「所變異」不斷作虛妄的分別、產生「能執著」和「所執著」的循環，而不斷輪迴在自己的心識中。因為眾生的「能現」為識、「所現」亦為識，故說「萬法唯識」。

《解深密經》之三相

瑜伽（唯識）學派有兩大主角，第一位主角是「能」變現的八識心（及同時相應的各種心所）；第二位主角是八識「所」變現的外在境相，外在境相可分為三種，稱為「三相」或「三性」。

「相」是顯露於外之法相，「性」是涵諸於內之法性。「性」也，心生之意，諸法萬相是唯心所造，故「性、相」乃一體，只是從不同的角度描述。關於「三相」的名稱，經典的翻譯多有不同，茲採用玄奘大師所譯之「依他起相、遍計所執相、圓成實相」。

一、依他起相（性）

《解深密經》：「云何諸法依他起相？謂一切法緣生自性，則此有故彼有，此生故彼生，謂無明緣行乃至招集純大苦蘊。」《唯識三十頌》：「依他起自性，分別緣所生，圓成實於彼，常遠離前性。」

《解深密經》謂「依他起相」是因緣所生法，是「十二因緣」的相續流轉相。「依」是依賴、「他」是眾緣，即一切法相（人事時地物）乃依賴眾緣的聚合而生、缺因無緣而滅，非自生、自成、自主的存在。緣是「條件」，相關條件具足，法相乃現前；相關條件缺失，法相則不起或消滅。

「他緣」是生起諸法的條件，如前述有四種緣：因緣、等無間緣、增上緣、所緣緣。一切種子為「因緣」，諸識依六根產生相續不斷的功能是「等無間緣」，若有相關的助伴條件稱為「增上緣」，若有相關的外境條件是為「所緣緣」。

第八識的「業種子」為「因緣」，經由「異熟能變」現行出眾生每世的「根身、器界」即為「依他起相」。每個人的家世、長相、智慧、壽命

（根身）各異；出生的國家、去過的地方、經歷過的人事物（器界）也不同，所以眾生的「世界」看似相同，其實各自不同。

「依他起相」是因緣所生法，因緣法是不停在流轉的生滅法，一切法變現後即消業，然而眾生無法只單純映照外境（接受因果），而是對境當下立即用我執生起主觀的「名言」習氣，導致消業當下又同時造業（起貪瞋癡煩惱），於是再將煩惱的種子熏回第八識。這種無所不在的執著相稱爲「遍計所執相」。

二、遍計所執相（性）

《解深密經》：「云何諸法遍計所執相？謂一切法名假安立自性差別，乃至爲令隨起言說。」《唯識三十頌》：「由彼彼遍計，遍計種種物，此遍計所執，自性無所有。」

《解深密經》謂，「遍計所執相」是眾生在「依他起相」上隨之而起的「名句文」組合，這種「名言」習氣的假名施設是在「依他起相」自行增加的描述，充滿了我執習氣，是眾生無所不在的遍計所執「想」所現的遍計所執「相」，此相是眾生所見的六境，故六境又稱爲「六塵」，「塵」有染污眞心不得見眞相之意。

「依他起相」是較爲客觀的事相，但是和自己很疏離，所以覺得和自己沒有什麼關係，是一種「疏所緣緣」；而自己主觀且無所不在的「遍計所執相」和自己很親近，因爲是自己解讀認識的世界，歷歷在目所以覺得非常逼眞，是一種「親所緣緣」。

眼根觸「依他起相」而生起眼識的「色境」，耳根觸「依他起相」而生起耳識的「聲境」，鼻根觸「依他起相」而生起鼻識的「香境」，舌根觸「依他起相」而生起舌識的「味境」，身根觸「依他起相」而生起身

識的「觸境」，意根觸「依他起相」而生起意識的「法境」。然而凡夫眾生分不清「依他起相」和「六境」的差別。

被混淆的「依他起相」和「遍計所執相」

眾生若只用六根直觀（自性分別），所見是「依他起相」；若還有我執就只能起用六識的名言（計度、隨念分別），所見是「遍計所執相」也就是六境，而六境只是自己感官的**經驗界**，不是因果流轉的**現象界**，更不是聖者所見的**無為法世界**。

例如，一個皮包現行在前，所見應是：我看到一個某品牌的皮包。但凡夫所見是「眼識＋身識＋意識」所現之「色境＋觸境＋法境」：喔這是一個名牌包，質感真好，有錢有地位的人才買得起，某人也有這個包包，我也想買……。若現行在前的是某個人、或某件事，會有更複雜的六境。

我們其實是戴著濾鏡在看周遭的人事時地物，所陳述的只不過是各自主觀的**想法、甚至想像**，可是我們很容易將事實和想法混淆。「依他起相」是業種子變現的因果相，是客觀已發生的**事實**，包含了「前因後果」，眾生見不到複雜「因」、只看得到刹那的「果」（冰山一角）就開始起名言的執著想。

修行就是練習從**執著相**返回**因果相**，接受現前的因果，當下就能減少煩惱和痛苦的情緒。「接受因果」需要兩種能力：慧力和定力。若有智慧就能分析造成結果的「原因」（水面下的冰山），進而解決問題；若沒有智慧就先停止第六識的妄想，能停止妄想就是定力。

三、圓成實相（性）

《解深密經》：「云何諸法圓成實相，謂一切法平等真如，於此真如，諸菩薩眾勇猛精進為因緣故，如理作意無倒思惟為因緣故，乃能通達；於此通達漸漸修習，乃至無上正等菩提方證圓滿。」《唯識三十頌》：「圓成實於彼，常遠離前性，故此與依他，非異非不異，如無常等性，非不見彼此。」《成唯識論》復謂：「二空所顯圓滿，成就諸法實性，名圓成實。……實相真如，謂無二我所顯。」

《解深密經》謂，「圓成實相」是初地菩薩初見一切法「**真實**平等、法爾**如是**」的無為法世界，然而初地菩薩只映照了一分圓滿的實相，見道後的菩薩還要勇猛精進，繼續向上登地，直到成佛之時，所見之「圓成實相」才是十分圓滿的映現。

《唯識三十頌》謂，「依他起相、圓成實相」二者的關係是非異、非不異，即二者其實相同、但也不能說是相同。只要捨離依他起相上的「遍計所執相」，二者便相同；若不能捨離依他起相上的「遍計所執相」，二者便不相同。

故知「依他起相」通有為的雜染、也通無為的清淨。有為的雜染是不能捨離在「依他起相」上的「遍計所執相」；無為的清淨是**捨離了「依他起相」上的「遍計所執相」而同時轉得「圓成實相」**。

《成唯識論》謂，「圓成實相」是菩薩證得「二空」所顯之圓滿，能成就諸法功德之**真實**性，此時所見一切法平等**真如**。「二空」是指見道當下「能取空、所取空」、「無分別我執、無分別法執」，或「人無我、法無我」。

《百法明門論》開宗明義即說，學習百法的目的在證悟一切法「無我」，無我包括人無我、法無我。「人無我」是了悟一切法無常無我，能捨離我執（能）；「法無我」是了悟所見一切法無常性空，能捨離法執（所）。小乘行者急於自我了脫生死，僅證「人無我」，大乘行者不但證「人無我」、還同時證得「法無我」，而入菩薩道。

依三相（性）安立「三無自性」

《解深密經》云：「汝應諦聽！吾當爲汝解釋所説一切諸法皆無自性、無生無滅、本來寂靜、自性涅槃所有密意。勝義生，當知我依三種無自性性密意所言一切諸法皆無自性，所謂相無自性性，生無自性性，勝義無自性性。」《唯識三十頌》云：「即依此三性，立彼三無性，故佛密意説，一切法無性。」

世尊爲匡正某些修行人在第一時「有教」的執有、第二時「空教」某些修行人的執空，故在第三時教闡明：「三相」雖有，也是假名施設而有，「三相」雖有，但無其自性故是空，導入「空有一如」的中道實相，此乃佛陀所要闡述的甚深密意。

《解深密經》謂，三相「三無自性」之甚深義非語言文字可徹底詮述，但佛陀爲使一切有情眾生都能共此一清淨妙道，仍以「三相、三無自性」勉予宣說「一切諸法皆無自性、無生無滅、本來寂靜、自性涅槃」之甚深密意。

《唯識三十頌》解釋，依「三相」安立「三無自性」性，目的在破有情眾生「執有、執空」的習氣。因此世尊繼三相後，再闡述三相（性）各具其空義：即「相無自性性，生無自性性，勝義無自性性」，此爲大乘瑜伽行者證道解脫之甚深密法。

一、相無自性：《解深密經》云：「云何諸法相無自性性？謂諸法遍計所執相，何以故？此由假名安立為相，非由自相安立為相，是故說明相無自性性。」

《解深密經》謂，一切法「相無自性」性，是因為有情眾生以假立的名言習氣在因緣聚合的事物上起執著想，而產生「遍計所執相」，此相只是第六識自行增加的妄語，虛假而不實，故說「相無自性」性。

二、生無自性：《解深密經》云：「云何諸法生無自性性？謂諸法依他起相，何以故？此由依他緣力故有，非自然有，是故說名生無自性性。」

《解深密經》謂，一切法「生無自性」性，是因為一切法（人事時地物）並非「自生、自主、自成」而現，而是相關的條件聚合而現，是集合他力的條件有、或因緣有；不是無緣無故的偶然有、或自己有，故說「生無自性」性。

三、勝義無自性：《解深密經》云：「復有諸法圓成實相亦名勝義無自性性，何以故？一切諸法法無我性名為勝義，亦得名為無自性性，是一切法勝義諦故無自性性之所顯故，由此因緣名為勝義無自性性。法無我性所顯勝義無自性性，於常常時於恒恒時諸法法性安住無為、一切雜染不相應故；於常常時於恒恒時諸法法性安住故無為，由無為故無生無滅，一切雜染不相應故，本來寂靜、自性涅槃。是故我依法無我性所顯勝義無自性性。」《唯識三十頌》云：「初即相無性，次無自然性，後由遠離前，所執我法性。此諸法勝義，亦即是真如，常如其性故，即唯識實性。」

《解深密經》謂，圓成實相又稱為「勝義無自性」性，一切法「法無我」性即為「勝義」、也稱為「無自性」性，因為「勝義」的真相是「無自性」之所顯。故知，一切法「法無我」所顯之勝義是「無自性」性，不

與一切雜染相應，恆常安住法爾如是的「無爲」，不生不滅、本來寂靜、自性涅槃。故說一切法「法無我」性即是勝義「無自性」性之所顯。

《唯識三十頌》謂，捨離六、七識變現的虛構執著相就悟入「相無自性」；看破第八識變現之緣起性空相就悟入「生無自性」，於此同時悟入「勝義無自性」，而證入一切法「法無我」性，也就是「眞如」，即一切法眞實恆常、法爾如是故，也稱爲「唯識實性」。

《成唯識論》解釋，「唯識性」有兩種，一是虛妄的遍計所執性，二是眞實的圓成實性，說「唯識實性」是指圓成「實性」，這是相對於虛妄來說。又一說「唯識性」有兩種：一是世俗的依他起性，二是勝義的圓成實性，說「唯識實性」是指勝義「實性」，這是相對於世俗來說。

中道實相

玄奘法師在《成唯識論》中強調，「生無自性」、「勝義無自性」是佛密意說無自性，非性全無。故知「生無自性」不是指依託眾緣而生的自然性無；「勝義無自性」也不是指「圓成實性」的法體空無，佛陀宣說三相有、但無其自性，是要眾生契入非空非有、即空即有的「中道實相」。

遍計所執相的「相無自性」是在情上有、但理上無（非有）；依他起相的「生無自性」是在情上無、理上有（非空）；圓成實相的「勝義無自性」是眞實有（即空、即有），眞空能生妙有，妙有故非空無，是空有一如的「中道實相」。初地菩薩親見「中道實相」，證一分圓滿的圓成實性。

一切有爲法（相）從何而起？

生死輪迴的眾生，所見只有依他起相上的「遍計所執相」，此相從何而起？因種種煩惱而起，煩惱從何而起？因我執而起，我執從何而起？因一念無明而起，無明從何而起？因眞如不守自性而衍生出一切有爲法。

一切有爲法雖然變化無常，變化卻不是毫無章法，而是有規律的，這個規律就是佛法的中心思想「緣起」：就時間而言，一切法（人事時地物）的緣起是生住異滅的相續循環；就空間而言，一切法（人事時地物）的緣起有條件依存的相互關係。

佛教的「緣起論」可歸納爲四種：一、小乘（俱舍宗）的業感緣起；二、大乘（瑜伽行派、唯識宗）的阿賴耶識緣起；三、大乘（法性宗）的如來藏緣起，又稱眞如緣起；四、大乘（華嚴宗）的法界緣起。

一、**業感緣起**：有爲法的世界是由「惑業苦」輾轉相續而有。「惑業」是煩惱不斷造業（集諦）、造業的結果是「苦」（苦諦）。苦、集二諦相互循環流轉出眾生的三世因果，三界六道的相續輪迴即由此而來，稱爲「業感緣起」。若問「惑業苦」從何而來？則有一切種子的阿賴耶緣起。

二、**阿賴耶緣起**：有爲法的因果世界相續流轉，皆由阿賴耶識所含藏之「無量種子」爲因，「種子生現行」爲果，現行之果遇緣又爲「新熏種子」，故「種子、現行、新熏」輾轉相生、互爲因果、無有終始。所以「惑業苦」相是由阿賴耶識一切種子的熏現而來。若問阿賴耶識由何而生？則有如來藏緣起。

三、**如來藏緣起**：如來藏緣起又稱爲「**眞如緣起**」，眞如又作自性、佛性、如來藏，是無爲法的世界。「**眞如**」是清淨的無漏法，而阿賴耶識

所現行的是雜染的有漏法，若追溯其源，是因爲眞如不守自性，隨染緣而生染法，「隨緣眞如」如波，「不變眞如」如水，不變之水起波相，而隨緣之波，不失水性。

四、法界緣起：華嚴宗謂，「如來藏緣起」乃依**理體**所起之**相用**，故能變異出萬法，而理體是無爲法，相用是有爲法，理體、相用互爲融通，故有爲、無爲不二一如盡成一大緣起，稱爲「法界緣起」。法界萬法並無單立者，一法成就一切法，一切法源起於一法，圓融無礙、重重無盡，此究竟法界又稱爲「一眞法界」。

「一眞法性」

一眞法界之性體稱爲「一眞法性」，此性從本以來不生不滅、無內無外、法爾如是。故「一」是一如不二，「眞」是眞實不虛，是眾生佛性之本源，諸佛法身之總理體，代表虛空無形又可變現萬象的宇宙法體，是「能、所一如」的實相（能是理體，所是相用）。

「如來藏緣起」與「法界緣起」二者不一不異。如來藏所藏之「眞如」是小而無內的如來自性，法界之「一眞法性」是大而無外的諸佛法身。個人證道解脫後即是一滴水溶入大海，因爲眾生的佛性與諸佛的法性同爲一體，猶如一盞燈與無量盞燈同放光明，彼此無二無別。

1.17 止觀的修行伴隨「粗尋、細伺、喜樂、我執」。

वितर्कविचारानन्दास्मितारूपानुगमात् संप्रज्ञातः॥१७॥

vitarka-vicāra-ānanda-asmitā-rūpa-anugamāt-saṁprajñātaḥ ॥17॥

第 17 至 19 頌在說明：若不能慧解受持「三相、三無自性」之甚深密意，即使修到四禪八定的高深定力，也只能暫時制伏煩惱，不能徹底脫離煩惱。煩惱的源頭是我執，唯有慧力才能斬斷我執，若不能證得解脫的**實相般若**就無法出離三界六道的輪迴。

三界六道

所謂輪迴的世界就是「識」所變現的三界六道。三界是「欲界、色界、無色界」，三界中的六道分別是「天道、阿修羅道、人道，畜生道、餓鬼道、地獄道」，是凡夫眾生居住和生死往來的世界。其中「欲界」包含了所有六道的眾生，而「色界、無色界」只有天道的眾生。

「欲界」以欲（慾）立名，故知此界眾生充滿了慾望，貪愛飲食、男女、睡眠……等等情事。「人道」眾生對貪慾有種種顛倒的認知，看似快樂其實苦多於樂，若能以第六識明理去惑，可藉由修行獲得解脫，不再煩惱痛苦。「阿修羅道」眾生是由瞋、慢、疑三因而受生，習氣雖重但有天人之福，卻又無天人之德，故又名「非天」。

下三道為「畜生道、餓鬼道、地獄道」，這些眾生因為造了不同程度的「十惡業」（殺害、偷盜、邪淫、妄語、兩舌、惡口、綺語、貪婪、瞋害、邪見）而投生到不同的惡道。最下層的「地獄道」眾生除了造十惡

業外，還犯了「五逆罪」：殺父、殺母、殺阿羅漢、破壞僧團、出佛身血。

「天道」眾生則分布在三界：「欲界」最上層的天道仍有男女情欲，「色界」天眾已無男女情欲且色相莊嚴，「無色界」的天眾無形無色，唯有精神心識。「天道」眾生是因為修得「十善業」（不造十種惡業即是十善）、或修得四禪八定的「不動業」（正定的善業）而投生到不同的天道。

「天道」眾生相貌妙美，享樂自在，壽命極長，但仍未解脫，一旦福報享盡，仍要墮回下界；唯有修習佛法教理對治我執和煩惱，才能超出三界，不再輪迴於六道。解脫的聖者有四種聖位：小乘果位的「聲聞、緣覺」，大乘果位的「佛、菩薩」。

三界六道簡表

三界 （生死往來界）	六道眾生 （生命的型態）	有 （思想的層次）	定地 （定心的層次）
無色界	天道眾生	非想非非想處天 無所有處天 識無邊處天 空無邊處天	非想非非想處地 無所有處地 識無邊處地 空無邊處地 〈無尋無伺地〉
色界	天道眾生	五那含天（色究竟天、善現天、善見天、無熱天、無煩天） 無想天（外道） 四禪天（廣果天、無雲天、福生天）	四禪「捨念清淨地」 〈無尋無伺地〉

		三禪天（遍淨天、無量淨天、少淨天）	三禪「離喜妙樂地」〈無尋無伺地〉
		二禪天（極淨光天、無量光天、少光天）	二禪「定生喜樂地」〈無尋無伺地〉
		初禪天（大梵天、梵輔天、梵眾天）	初禪「離生喜樂地」〈有尋有伺地〉
欲界	天道眾生	六欲天（他化天、化樂天、兜率天、夜摩天、忉利天、四王天）	欲界定「五趣雜居地」〈有尋有伺地〉
	人道眾生	四大洲（北俱盧洲、西牛貨洲、南贍部洲、東勝神洲）	散亂心「五趣雜居地」〈有尋有伺地〉
	阿修羅道眾生	非天處	散亂心（五趣不含阿修羅道）
	畜生道眾生 餓鬼道眾生 地獄道眾生	三惡趣	亂心「五趣雜居地」〈有尋有伺地〉

「三界」是眾生不斷生死往返的世界；「六道」是因為重大習氣不同而轉生到不同的生命型態；「有」是不同的思想觀念而有不同的生命依止處；「定地」是因為不同的定心而長養出不同的心地。

眾生的心地不停在波動，依波動的程度分為「欲界定、色界定、無色界定」。欲界定或接近初禪之「未到地定」都還不能算是正定，**色界四禪**和**無色界四空定**合稱「四禪八定」才稱之為正定。四禪八定通於古印度其他宗派，非佛教獨有之修法，這些定境會伴隨四種心所「粗尋、細伺、喜樂、我執」。

「粗尋、細伺」

《瑜伽師地論》：「尋伺體性者，謂不深推度所緣，思索為體性；若深推度所緣，慧為體性應知。尋伺所緣者謂依名身、句身、文身，義為所緣。尋伺行相者謂即於此所緣尋求，行相是尋；即於此所緣伺察，行相是伺。」

《成唯識論》云：「尋謂尋求，令心匆遽，於意言境麤轉為性。何謂伺察？令心匆遽，於意言境細轉為性。此二俱以安不安住身心分位所依為業，並用思、慧一分為體，於意言境不深推度及深推度義類別故，若離思、慧，尋、伺二種體類差別不可得故。」

《瑜伽師地論》謂，「尋、伺」是用「思心所、慧心所」作推求：對所緣境不作深入推度，是用「思心所」的思惟力；對所緣境作深入推度，用的是「慧心所」的簡擇力。進行推度時是藉「名句文」的心行來描述所緣境的涵義，描述的方式可以是粗動的尋求、或是細微的伺察。

《成唯識論》進一步解釋，「尋」是第六識的意言尋求，能對所觀境作迅速且粗動的描述，具有「**粗轉性**」。「伺」是第六識的意言伺察，能對所觀境作迅速而細靜的描述，具有「**細轉性**」。

「尋、伺」屬於「不定心所」，只有第六識才有，可以不起煩惱，也可以引發煩惱。止觀法門的「觀法」須藉由「尋、伺」來推求，如理的「尋伺」可安頓身心、修得智慧；不如理的「尋伺」會引起身心不安、妨礙定心。又「尋伺」是以「思慧」為體作尋求和簡擇，若無「思慧」則「尋伺」不可得。

各道眾生有不同的「尋伺」

《瑜伽師地論》謂，「六道」眾生有各式各樣的「尋伺」，主要為貪慾、瞋恚、惱害：**地獄**眾生因為不停被猛火、大寒所苦惱因此只有憂愁的尋伺。**畜生、人、大力餓鬼**（有神力的鬼）的尋伺則是憂愁多，歡喜少。**欲界天眾**的「尋伺」則是憂愁少、歡喜多。**色界初禪**天眾的「尋伺」已無憂愁、只有歡喜。

色界二禪以上的天眾已經沒有「尋伺」的慾望，但是有思、慧心所的如理作意。眾生的苦惱都是由「不如理作意」的尋伺所引發，而「如理作意」的尋伺是對 11 種「善心所」有正確的思惟和簡擇，不斷長養「善心所」是修行人的重要功課。

「欲界」六道眾生對「尋伺」充滿了強烈的「慾望」，故皆為「有尋有伺地」。「色界」初禪天眾（或修得初禪定的行者）對「尋伺」推求還有些許「慾望」，也是「有尋有伺地」。「色界」二禪以上之天眾（或修得二禪定以上的行者）對「尋伺」已無「慾望」，皆為「無尋無伺地」。

在六道中，「人道」眾生有最佳的修行條件，因為投生人道的果報必是苦樂參半，有痛苦所以想要修道，但是痛苦的程度又不似「三惡道」眾生那般熾烈；有快樂所以能夠修道，但是快樂的程度又不像「天道」眾生那般樂不思蜀，因此修行最容易有成就。

喜樂

「色界、無色界」的天眾已無慾望的紛擾，故能安住在定境的喜樂。對修行人來說，若能修得「色界」禪定即能遠離「欲界」的慾望煩惱而享有不同程度的喜樂。但是若未能證得「實相般若」，這些喜樂的感受也只是世間的享受。

「喜和樂」不同，喜是第六識心靈的喜悅，此內緣所生之禪悅可持續累積；快樂是前五識的感官之樂，通常要憑藉外緣資具且用完即無。「憂和苦」也不同，憂愁是第六識的煩惱情緒，想不開就隨時陷入；痛苦是前五識的根身感受，通常因外力的因素而有且難以忘懷。

我執

「欲界」人眾的快樂主要來自於資具的享受，滿足於物質上的慾望。「色界」天眾的快樂主要來自於內心生起的禪悅，已無須依賴外在的資具，儘管已捨離下界的慾望令暫不現行，但是煩惱的**我執種子**仍在第八識隨眠，因此色界天眾所修得之定境仍為「有漏定」，不是聖者少分圓滿的「無漏定」。

儘管定力越高，能制伏的煩惱越深，卻不能究竟解決煩惱，因為「**我執**」是一切煩惱的源頭，所以唯有在定力的基礎上觀修佛教獨有的慧學，才能斷除我執、同時解決煩惱。世尊說法四十九年，其中二十二年在教授**般若空慧**，此甚深法理為佛教所獨有，乃不共外道之殊勝法門。

1.18 即使修行已捨離所緣，仍在第八識留有習氣種子。

विरामप्रत्ययाभ्यासपूर्वः संस्कारशेषोऽन्यः ॥१८॥

virāma-pratyaya-abhyāsa-pūrvaḥ saṁskāra-śeṣo-'nyaḥ ॥18॥

修行是不斷捨離的過程

就捨離「尋伺」來說，「色界」初禪是因爲捨離了「欲界」充滿憂愁的尋伺；色界「二禪」是因爲捨離了「初禪」喜樂的尋伺；二禪到四禪已無尋伺的慾望，但有「如理作意」的觀修。

就捨離「喜樂」來說，「色界」初禪是因爲捨離「欲界」的粗重煩惱故名「離生喜樂地」；二禪是因爲捨離初禪尋伺的干擾而名「定生喜樂地」；三禪是因爲捨離二禪喜受的干擾而名「離喜妙樂地」；四禪是因爲捨離妙樂的干擾、唯有捨受的清淨而名「捨念清淨地」。

就捨離「五識」來說，「欲界定」的行者仍有八識的作用；「色界」初禪的行者捨離了「鼻識、舌識」的作用（不用鼻舌而以禪悅爲食）；二禪再捨離「眼識、耳識、身識」的作用，由於二禪到四禪已無尋伺，故五識皆不起作用，僅有六、七、八識的如理作意。

修定是不斷捨離下地障礙的所緣，然而即使修得第四禪，轉生投胎到色界四禪天眾也仍然未能解脫，因爲這些天眾的第八識仍然有名言的「我執習氣」，這些習氣種子並未被對治，只是暫時被制伏令不現形，並沒有被徹底解決。

1.19 甚至修到無形無色，仍受「生有」之所緣。

भवप्रत्ययो विदेहप्रकृतिलयानाम् ॥१९॥

bhava-pratyayo videha-prakṛti-layānām ॥19॥

即使修到「無色界四空定」，能因五識不起作用而無根身之受，這樣的「不動業」死後雖可轉生爲無色界天眾（無色身唯有心識），然而福報一旦享盡，仍受「生有」（往生輪迴下一個依止處）之苦。若沒有般若智慧對治我執習氣，仍然無法解脫出離三界。

四種「有」：生有、本有、死有、中有

《佛學大辭典》謂，五蘊和合的有情眾生皆須經歷「四有」的輪迴過程。「生有」是指前往應投生之道、入母胎的一剎那；「本有」是指投胎（在胎內和出胎）後經歷的一段身心生命；「死有」是指生命臨終時、死亡的一剎那；「中有」是指今世已死、尚未投生的一段身心生命，也稱爲「中陰身」。

有情眾生不斷輪迴的強大力量，是因爲不停樂著二元戲論的名言種子。欲界、色界的有情眾生皆須經歷「四有」，而無色界的天眾則無「中有」。「生有、死有」極其短暫，一念之間即是生死剎那，「本有、中有」則長短不定，中陰身最長的生命爲四十九天。

《瑜伽師地論》謂，中陰身以七天爲壽量單位，第一個七天若未能找到符合因果的投胎處，中陰身即死進入二七，若還找不到就進入三七，最後是七七，自此以後不得生緣。

入母胎時的「生有」須具足三個條件：母親四大調和、於時可受孕；父精母血於時和合愛染；中陰身於時現前投胎。福薄者投生時會看到妄相、聽到雜音而前往穢亂處；多福者會看到淨相、聽到美妙寂靜聲而前往清淨處。

無色界四空定

「無色界四空定」爲：空無邊處定、識無邊處定、無所有處定、非想非非想處定。「空無邊處定」是因爲捨離色界一切色縛，作意虛空無邊而入此定。「識無邊處定」是因爲捨離外界虛空無色無邊，向內作意心識無邊而入此定。

「無所有處定」是因爲捨離外界空無邊、內界識無邊，作意內、外都無所有而入此定。「非想非非想處定」是作意時非想，不作意時非非想，以非想非非想而入此定。

當年佛陀苦行精進多年曾修到「非想非非想處定」，仍舊未能解脫。出定後下山受到牧羊女的乳糜供養，在菩提樹下禪坐四十九天，是以**色界第四禪**方便所引發之「金剛喻定」而開悟成佛。

《華嚴經》云：「爾時，如來以無障礙清淨智普觀法界一切眾生而作是言：奇哉！奇哉！此諸眾生云何具有如來智慧愚癡迷惑不知不見？我當教以聖道令其永離妄想執著，自於身中得見如來廣大智慧與佛無異，即教彼眾生修習聖道令離妄想，離妄想已，證得如來無量智慧，利益安樂一切眾生。」

《華嚴經》謂，世尊悟道當下，以「無障礙清淨智」觀法界一切眾生而讚嘆：「奇哉！奇哉！原來眾生和我一樣有**相同的『如來般若智慧』**（如來自性、佛性、真心），但因爲愚癡迷惑而不能得見，我一定要用聖道

引導他們永遠捨離妄想執著，令他們得見和我相同的『如來廣大智慧』，教導他們**捨離妄想執著的法門**，最終證得『如來無量智慧』，以利益安樂一切眾生！」

1.20 須要其他修行法（才能解脫）：信、勤、念、定、慧。

श्रद्धावीर्यस्मृतिसमाधिप्रज्ञापूर्वक इतरेषाम्॥२०॥

śraddhā-vīrya-smṛti samādhi-prajñā-pūrvaka itareṣām ‖20‖

捨離妄想執著的法門就是「信、勤、念、定、慧」。在 51 種「心所法」中，有煩惱的「情緒心所」30 種，前已介紹 6 根本煩惱；沒煩惱的「思緒心所」21 種，前已介紹 11 種善心所，現在介紹的是能成就修行道業和世間功業的心所「五別境」。

「五別境」心所

「五別境」是五種正確且次第分明的修行法「欲、勝解、念、定、慧」，這些思緒不但能令出家眾成就聖道，亦能令在家眾成就世間的功業。「信」心所是「欲」心所的別稱；「勤」心所的作用是「勝解」。

一、欲心所

《廣五蘊論》：「云何欲？謂於可愛樂事，希望為性。愛樂事者，所謂可愛見聞等事，是願樂希求之義，能與精進所依為業。」《識論》：「於所緣境，希望為性，勤依為業。」

「欲心所」的梵文是 chanda，是希望樂願之意，不同於「慾望」的梵文 kāma。論曰「欲心所」的所緣境必為「可樂境」，對修行人來說是願樂修習「無貪、無瞋、無癡」；對在家眾來說是熱衷自己的事業，因為愛

樂故對所做之事具有「**希望性**」，希望是一種信仰，信仰能推動精進，能向上增長自己的功德或事業。

二、勝解心所

《廣論》：「云何勝解？謂於決定境，如所了知印可爲性。決定境者，謂於五蘊等，色如聚沫，受如水泡，想如陽炎，行如芭蕉，識如幻事，如是決定，或如諸法所住自相，謂即如是而生決定。」《識論》：「於決定境，印持爲性，不可引轉爲業。」

論曰，有了希望和信仰，便會精進鑽研教理或事業，一旦量變轉爲質變即產生殊勝的見解，已不是一般的理解。「勝解心所」具有「**印可性**」，能對佛教法理或專業如實了達、且進一步印證和確認，從此不再動搖。因此勝解的所緣境是「**決定境**」，此境對修行人來說，是對「五蘊自相空」的教理已如是決定、無所懷疑，不再退轉。

三、念心所

《廣論》：「云何念？謂於慣習事，心不忘失，明記爲性，慣習事者，謂曾習行，與不散亂所依爲業。」《識論》：「於曾習境，令心明記，不忘爲性，定依爲業。」

論曰，「念」是對過去不斷學習的事物，能正確無失的喚出內容，具有「**明記性**」。對所學內容十分熟稔進而變成明記的習慣，故有不忘不散的作用。「念」的所緣境是「**曾習境**」，對修行人來說，此境可以是曾學習之佛號、經文、咒語等等。對境已能「念」念分明，專注且不散亂，就是修「定」的前行基礎。

四、定（三摩地）心所

《廣論》：「云何三摩地？謂於所觀事，心一境性，所觀事者，謂五蘊等及無常、苦、空、無我等；心一境者，是專注義，與智所依爲業，由心定故，如實了知。」《識論》云：「於所觀境，令心專注，不散爲性，智依爲業。」

「三摩地」是梵語 samādhi 的音譯，意譯是「等持」，現在通譯爲「定」。三摩地是止、**觀等持**的相應修持，若將三摩地通譯爲「定」，容易誤解爲三摩地只有修止、沒有慧觀。又「三摩地」通散心、定心，因此欲界散定、色界禪定都可以稱爲三摩地。

論曰，三摩地的所緣境稱爲「所觀境」，所觀之事爲五蘊自相及共相。「所觀境」應符合兩個原則：一、所觀之內容應爲正法，如後述之「五停心觀」等；二、所觀之法能對治煩惱，最終能斷除我、法二執。

凡夫的心習慣攀緣外境，故是流連散亂的狀態，修「三摩地」能藉由「所觀境」令心前後平等、相續無間的專注一境，並對所觀內容作詳細正確的審察、進而如實了知，具有「**心一境性**」，行者可依此產生般若智慧的作用。

五、慧（般若）心所

《廣論》曰：「云何爲慧？謂即於彼擇法爲性，或如理所引或不如理所引或俱非所引。即祈彼者謂所觀事，擇法者謂於諸法自相、共相，由慧簡擇，得決定故。如理所引者謂佛弟子，不如理所引者謂諸外道，俱非所引者謂餘眾生。斷疑爲業，慧能簡擇，於諸法中得決定故。」《識論》曰：「於所觀境，簡擇爲性，斷疑爲業。」

「般若」是梵語 prajñā 的音譯，意譯為直觀的了別，現在通譯為「智慧」。然而智與慧不完全相同，「智」是渡人之明智，猶如太陽，是外顯的智用；「慧」是自渡之空慧，猶如月亮，是內證的慧體。二者猶如「相、性」，不一又不異。

論曰，「慧」之所緣境就是「三摩地」的所觀境，是在「止觀等持」的基礎上對五蘊的內涵從「共相」分析到「自相」，具有**簡擇性**。簡擇有三種：如理所引、不如理所引、俱非所引：能對所觀之事如理所引者稱為佛弟子；不能對所觀之事如理所引者稱為外道；不屬於以上兩者的是其餘眾生。對一切法若能如理簡擇，能產生確認決定的力量，最終諸惑永斷不再「一團」無明。

練習「慧」的簡擇力：五蘊的自相、共相

《成唯識論述記》曰：「如五蘊中，以五蘊事為自相，空無我等理為共相。……如是展轉至不可說為自相，可說極微等為共相，故以理推無自相體且說不可說法體名自相；可說為共相。以理而論，共既非共，自亦非自。」

述記曰，以簡擇五蘊中的「色蘊」為例：「**色蘊**」為色法的共相，色法有：眼耳鼻舌身根、色聲香味觸法境等各有其自相；故「**色法**」為色境的共相，色境有青、黃、藍、綠色等各有其自相；故「**色境**」為青色之共相，青色有花之青、果之青、衣之青等各有其自相；故「**青色**」為青物之共相……，自相、共相重重相望而無盡，共既非共，自亦非自。

簡擇五蘊自相空：「**色蘊**」自相如聚沫：了悟一切**色**法只是因緣暫時聚合的泡沫，迅即消散。「**受蘊**」自相如水泡：了悟樂受看似五彩繽紛的水泡，然一破滅就是苦受。「**想蘊**」自相如陽炎：了悟想像猶如大太陽底下路面的一灘水，只是海市蜃樓的假想。「**行蘊**」自相如芭蕉：了悟

各種心所猶如芭蕉樹是空心的結構，心行過後即空無一物。「識蘊」自相如幻事：了悟八**識**猶如自心變現的魔術，虛幻無實。

「簡」是能對諸法層層剖析到極致，由深入到淺出，歸結出簡易的真理；「擇」是能對諸法不斷揀擇、極揀擇、最極揀擇，得到確認的決定性。五蘊各有其自相如前述，五蘊的共相爲「無常、苦、空、無我」，即一切有**爲法**的真相是苦，無常故苦；一切**無爲法**的真相是無我，無我故空。

簡擇五蘊和合假名我：我只是這一世因緣和合的「五蘊」，暫時假名爲我，具有「苦、無常」的特性。色蘊自相有「質礙性」：生老病死的根身只是暫時的色身，不是我永恆的法身；受蘊自相有「領納性」：今生領納的各種感受只是一種感受，不是我永恆的感受；想蘊自相有「取像性」：充滿執著的想法只是虛妄的假想，不是我永恆的取像；行蘊自相有「造作性」：各種煩惱心所組合的情緒只是無明的波動，不是我永恆的心緒；識蘊自相有「了別性」：八識各自的了別只是習氣種子的現形，不是我永恆的真心。

一切法「能現」的緣起真相是「無我」，一切法「所現」的緣起真相是「性空」。「緣起性空」在強調這個世界上沒有一人、一事、一物能自生、自存、自主，而是依因待緣而有、種種條件互相依存而起，故而說「空」。

一碗飯的「緣起性空」：當下有一碗飯是因爲有農夫播種、耕種、收成，有工人裝箱、運輸，有商人布點、販賣，有家人或廚師前往採買、烹煮、盛放，最後才能呈現在面前，其中任何一種緣缺即不生此法。因此當下出現的「一碗飯」是「**緣起**」而現，並非一碗飯能自生、自成而有，故說「一碗飯」的**自性**爲「空」。

1.21 堅定力行，很快就會臨近（解脫）。

तीव्रसंवेगानामासन्नः ॥२१॥

tīvra-saṁvegānām-āsannaḥ ‖21‖

行者只要正確依循「信、勤、念、定、慧」的修行步驟，堅定力行、精進不懈，很快就會接近解脫的「見道位」。世尊初轉法輪時所開示的「八正道」也是非常重要且次第分明的法門。

八正道

修行的方法也稱為「道」，此道即為「四聖諦」中的「道諦」，此諦開展為八，是八種正確且次第分明的修道方法：正見、正志、正語、正業、正命、正勤、正念、正定。

「正見」是對四聖諦的苦、集（流轉）、滅、道（還返）有正確的思惟和見解。對瑜伽行者來說，苦、集流轉出依他起相的「遍計所執相」，滅、道是返還依他起相的「圓成實相」。「正志」是因為對四聖諦的流轉和返還有正確的見解而引發的決定性和意志力。

「正語」是因為有正確的決定性和意志力而引發出正確的語言，從此不再妄語，兩舌，惡口，綺語；「正業」是因為有正確的語言而引發出正確的行為，從此不再傷害或殺害有情；「正命」是因為有正確的行為而選擇出正確的維生方式和處世之道。

有了正確的身、語、意，才能正式步上修行的道路，是爲正勤、正念、正定。「正勤」是有正確的精進方向，精進不懈的目標是要去除我、法二執；「正念」是能正確的培養和護持已熏修的思想觀念；「正定」是因爲念念明了而能正確的依循止觀法門修得等持三摩地，最終證得般若智慧。

般若慧學四階段

若從「般若慧學」的角度來說，學佛有「聞慧、思慧、修慧、證慧」四階段。聽聞熏習佛法的「聞慧」階段是八正道的「正見、正志」（培養正確的法理觀念）；實踐佛法的「思慧」階段是「正語、正業、正命」（在世間法落實正確的觀念）；正式修持佛法的「修慧」階段是「正勤、正念、正定」（在世出法作正確的修持）。若能親證實相般若、得見中道實相，當下即爲解脫的「證慧」。

唯識五階位

若以唯識修行五階位來說，「資糧位」是聞慧、思慧的熏習和實踐，修的是「五停心觀」；「加行位」是加緊功用、依定起觀的修慧，修的是兩種「唯識觀」；「見道位」是當下親見中道實相的證慧，證得初地菩薩，此後承擔如來家業、繼續在「修道位」上學習菩薩道業，最終圓滿證得成佛的「究竟位」。

1.22 而（修行人）有上根、中根、下根之別。

मृदुमध्याधिमात्रत्वात् ततोऽपि विशेषः ॥२२॥

mṛdu-madhya-adhimātratvāt-tato'pi viśeṣaḥ ॥22॥

佛法雖無高下，但是修行人的根器卻有不同。世尊說法四十九年以「三時教法」宣說不同的法門，是依據當時眾生的因緣和根器而隨緣開演不同的經教。上根器的行者可以頓修，直指本心即可快速證入中道實相，如禪宗的祖師和大德。中、下根器的行者則適合漸修，須按部就班的修持「信、勤、念、定、慧」。

南頓北漸

《六祖壇經》載，禪宗五祖弘忍大師爲選出承擔衣缽之傳人，而要求弟子作偈明心，首席大弟子**神秀**和在灶房舂米的**惠能**先後在寺院的廊壁寫下了見性的偈子。兩位大師而後各自發揚禪宗法門，代表了頓修和漸修的特色，稱爲「南能北秀」或「南頓北漸」。

神秀大師偈：「身是菩提樹，心如明鏡台，時時勤拂拭，莫使惹塵埃。」神秀大師的偈子說：「修行人之身猶如菩提樹，其心猶如明鏡台，要時時拂拭沾染身、心的塵埃，以免讓這些**煩惱塵埃**遮蔽原本清淨的身和心。」

神秀大師的偈子從「**法相**」下手，明了煩惱塵埃是眾生六、七識能執著的名言習氣所造成的依他起「**遍計所執相**」，是唯識所現的妄相，因而時時覺察並拂拭妄想產生的煩惱，不使身、心沾染一點塵埃。

惠能大師偈：「菩提本無樹，明鏡亦非台，本來無一物，何處惹塵埃？」
惠能大師的偈子說：「樹本無菩提之名，鏡台亦沒有明淨之分，本來就沒有一物可起名言名相，何處可沾惹煩惱塵埃呢？」

惠能大師直接從「法性」下手，明了動念則乖（乖離本心），故直接從煩惱的源頭「我執」下手，不起六、七識的名言習氣，所見只是法爾如是的依他起「圓成實相」，自然無處可惹塵埃。

無相頌

從眾生第八識含藏的無量種子來說，所謂上根器的修行人是因為累世已熏習大量的清淨種子，對治了貪、瞋、癡等煩惱習氣，故此生才有所謂的頓悟之根，可直接契入本心。中、低根器的修行人由於累世未能熏習足夠的清淨種子，還有很多的執著和煩惱，須經歷多生累劫的修行才能證果。

《六祖壇經》中有一「無相頌」在描述頓教之法，茲摘錄供參。頌曰：「說通及心通，如日處虛空；唯傳見性法，出世破邪宗。法即無頓漸，迷悟有遲疾；只此見性門，愚人不可悉。說即雖萬般，合理還歸一；煩惱暗宅中，常須生慧日。邪來煩惱至，正來煩惱除；邪正俱不用，清淨至無餘。菩提本自性，起心即是妄；淨心在妄中，但正無三障。世人若修道，一切盡不妨；常自見己過，與道即相當。色類自有道，各不相妨惱；離道別覓道，終身不見道，波波度一生，到頭還自懊。欲得見真道，行正即是道；自若無道心，暗行不見道。若真修道人，不見世間過；若見他人非，自非卻是左。他非我不非，我非自有過；但自卻非心，打除煩惱破，憎愛不關心，長伸兩腳臥。欲擬化他人，自須有方便；勿令彼有疑，即是自性現。佛法在世間，不離世間覺；離世覓食菩提，恰如求兔角。正見名出世，邪見是世間；邪正盡打卻，菩提性宛然。此頌是頓教，亦名大法船；迷聞經累劫，悟則剎那間。」

1.23 （上根之人）在每個當下臣服「自在天」。

ईश्वरप्रणिधानाद्वा॥२३॥

īśvara-praṇidhānād-vā ‖23‖

「自在天」是諸佛為渡眾生所顯化之身

《俱舍論記》云：「大自在天總有千名，……自在出三界有三身：一、法身，遍充法界。二、受用身，居住色界上自在天宮，即佛法中說摩醯首羅天。三、化身，隨行六道種種教化。」《達摩血脈論》云：「餘人天及眾生等，盡不明了，若智慧明了，此心號名法性、亦名解脫，生死不拘，一切法拘它不得，是名大自在王如來，亦名不可思議、亦名聖體、亦名長生不死、亦名大仙。名雖不同，體即是一。」

《俱舍論記》謂「大自在天」有三身：一、法身：為「大自在天」之法性本體，此體無形無相、充遍法界。二、受用身：為「大自在天」之受報身、權現為十地菩薩，居住在色界最上層「摩醯首羅天」的自在天宮。三、化身：應化為「大自在天」之形象，是渡化六道眾生所顯之身，能隨緣應機行種種教化。

「自在」寓意「心」不受繫縛，能斷除一切煩惱而得大自在，故禪宗初祖達摩在其《達摩血脈論》謂，一切人眾及天眾若能開顯出實相般若，即知此「心」之名號為「法性」、亦名「解脫」，從此生死不拘，一切法拘它不得，又名「大自在王如來」，亦名「不可思議」、亦名「聖體」、亦名「長生不死」、亦名「大仙」，名雖不同，體即是一。

臣服「自在天」

佛教強調的是內證修心，而不是向外求法，但是眾生對抽象無形的心感到難以捉摸，故後人建寺、立像，希望以有形的建物、具體的佛像來提醒自己不忘真心，故「自在天」所顯化的形象是為眾生表法，希望修行人能放下我執，以開顯自在無染的本心。

因此，臣服「自在天」其實是**臣服自己清淨的本心**。本心被「我執」重重遮蔽，所以要對治的是第七識俱生我執（我貪、我痴、我慢、我見），及第六識對境時產生的分別我執，故臣服的是「無我」，「無我」則無人能影響我或傷害我，因為對方沒有施力點。

臣服「自在天」也是**臣服自己的因緣果報**。萬法「唯識所現」，一切都是自己第八識「業種子」和前七識「我執種子」的循環熏現，臣服是能當下接受一切都是因緣果報，**沒有好壞、對錯**，不再沉迷執著二元對立的名言假立。

不執著好壞的塞翁

《淮南子》：「塞上之人，有善術者，馬無故亡而入胡，人皆弔之，其父曰：此何遽不能為福乎？居數月，其馬將胡駿馬而歸，人皆賀之。其父曰：此何遽不能為禍乎？家富良馬，其子好騎，墮而折其髀，人皆弔之。其父曰：此何遽不能為福乎？居一年，胡人入塞，丁壯者控弦而戰，塞上之人，死者十九，此獨以跛之故，父子相保。故福之為禍，禍之為福，化不可極，深不可測也。」

邊塞的村子裡有位善於馬術之人，不慎走失了一匹馬，旁人便紛紛安慰，其父塞翁卻說：「你怎麼知道這不是一件好事呢？」幾個月後，走失的馬不但自己跑回來，還領著一匹胡人的駿馬，旁人便紛紛道賀，塞翁卻說：

「你怎麼知道這不是一件壞事呢？」後來塞翁的兒子騎著那匹胡馬，不慎落馬跌斷了大腿，旁人又紛紛前來安慰，塞翁卻說：「你怎麼知道這不是一件好事呢？」一年後北方的胡人南下入侵，村子的青年除了塞翁之子全被徵召入伍，十人有九都在戰役中犧牲，塞翁的兒子卻因為斷了一條腿，而保全了一條命。所以，**福就是禍，禍就是福，這其中的（因緣果）轉化妙不可極、深不可測。**

故聖者「無為」而治

《道德經》：「其政悶悶，其民淳淳；其政察察，其民缺缺。禍兮，福之所倚；福兮，禍之所伏，孰知其極？其無正也，正復為奇，善復為妖，人之迷其日固久。是以聖人方而不割，廉而不劌，直而不肆，光而不耀。」

老子說，為政之道若是悶不作聲（無為而治），人民就會忠厚淳樸；為政之道若總是明察秋毫（有為而治），人民反而會一直有缺失。**看似災禍，其實有福報相倚其中；看似福報，其實有災禍潛伏其中，誰能明白這極其玄妙的道理呢？**天下沒有絕對正面（或絕對負面）的事，因為正面同時有負面，良善同時有妖邪，人們長久以來對此迷惑而不解。因此聖人的言行（處無為之治、行不言之教）方正而不割人、廉潔而不傷人、直率而不放肆，光明而不耀眼。

上根之人所見只有「當下」

上根之人由於累世已熏修佛法而在今生有禪定的功夫，故能時時「活在當下」，即日常生活之食、衣、佳、行、育、樂能以五根直觀所緣，眼根只單純了別色相、耳根只單純了別聲相、鼻根只單純了別香相、舌根只單純了別味相、身根只單純了別觸相，不起六、七識的名言執著（二元對立的偏見）。

所緣之境若是工作，就專心工作；所緣之境若是吃飯，就專心吃飯，因為五識清淨、念念明了，所以食物壞了也知道不吃。此所緣之境也稱為「性境」，即意識與五識雖同緣五塵，但第六識只用剎那初心取境，即前述之「自性分別」。

因此，「活在當下」需要某種程度的定力，否則只能維持短暫的數秒；「活在當下」還需要有簡擇的智慧，明白**過去已逝、未來未生，能擁有的只有當下**，所以每一刻都「活在當下」；每個當下串連在一起就是一生，當下若能快樂沒煩惱，一生就能快樂沒煩惱。

珠兒的故事

一天，佛祖來到圓音寺，不經意看見了寺外橫樑上的蜘蛛，佛祖停下來對蜘蛛說，你我相見算是有緣，我看你修煉了一千年，想知道你修出何種見地。佛祖於是問道：「什麼是世間上最珍貴的？」蜘蛛道：「世間上最珍貴的是『得不到和已失去』。」佛祖點了點頭，默然離開了。

又過了一千年，蜘蛛依舊在圓音寺的橫樑上修煉。一日，佛祖又來到寺前對蜘蛛說道：「一千年前的那個問題，你可有更深的知見？」蜘蛛想了想說：「我覺得世間上最珍貴的是『得不到和已失去』。」佛祖說：「你好好修煉，我會再回來的。」

又過了一千年，某天刮起了大風，風將一滴甘露吹到了蜘蛛網上，蜘蛛望著甘露，見它如此晶瑩透亮，頓生愛戀，每天看著甘露甚是開心，覺得這是三千年來最開心的幾天。然而此時卻突然刮起了一陣大風，將甘露吹走了，蜘蛛頓感失落，覺得無限寂寞。

這時佛祖又來了，問蜘蛛：「這一千年，你可好好想過什麼才是世間上最珍貴的？」蜘蛛想到了甘露，毅然對佛祖說：「世間上最珍貴的是『得不

到和已失去』。」佛祖說：「既然如此，我讓你到人間走一遭吧！」就這樣，蜘蛛投胎到一個官宦人家，父母爲她取了個名字叫珠兒。

一晃眼，珠兒到了十六歲，已經長成婀娜多姿的少女。一日，皇帝在後花園爲新科狀元郎甘鹿舉行宴席，包括珠兒等許多少女都受邀參加，還有皇帝的小公主長風也在其中。狀元郎在席間表演詩詞歌賦，大獻才藝，在場的少女無一不被傾倒。

過了些時日，珠兒陪同母親前往寺廟上香禮佛，正好甘鹿也陪同母親前來。上香禮佛後，兩位母親在一旁談話，珠兒和甘鹿便來到長廊聊天。珠兒相當開心，但是甘鹿卻沒有表現出對她的喜愛，珠兒於是對甘鹿說：「你難道不記得十六年前，圓音寺蜘蛛網上的事嗎？」甘鹿很是詫異，不懂珠兒所言，便和母親離開了。

幾天後，皇帝下召，命新科狀元甘鹿和長風公主成婚；珠兒則和太子芝草成婚。這一消息對珠兒來說如同晴天霹靂，她不解佛祖爲何如此對她，因而窮思究理，不吃不喝，以致生命垂危。太子芝草知道了急忙趕來，對奄奄一息的珠兒說：「那日在後花園眾姑娘中，我對你一見鍾情，我苦苦哀求父皇，他才答應我們的婚事。如果你死了，我也不想活了。」

就在這時，佛祖來了，祂對珠兒說：「你可曾想過，甘露（甘鹿）是被誰帶到妳這裡來的呢？是風帶來的，最後也是風（長風公主）將它帶走的；甘鹿對妳來說只是生命中的一段插曲，而太子芝草是當年圓音寺門前的一棵小草，他望了妳三千年，而妳卻從沒有低下頭來看過他一眼。珠兒，我再問妳一次，『什麼才是世間上最珍貴的』？」

珠兒聽後大澈大悟，對佛祖說：「世間上最珍貴的不是『得不到（未來）和『已失去（過去），而是當下擁有的一切（已得到和未失去）！」

1.24「自在天」是殊勝的「一眞法性」，不受「異熟識」的業種子所染。

क्लेशकर्मविपाकाशयैरपरामृष्टः पुरुषविशेष ईश्वरः ॥२४॥

kleśa karma vipāka-āśayaiḥ-aparāmṛṣṭaḥ puruṣa-viśeṣa īśvaraḥ ॥24॥

自在天代表「大而無外」的如來法身

「一眞法性」是法界之性體，也是諸佛「如來法身」之總理體，此體大而無外、無形無相，殊勝玄妙，難以思量，故顯化「自在天」的形象為眾生表法。「自在天」所代表之如來法身清淨無為，清淨法身雖被眾生的煩惱纏縛，卻不受眾生的業種子熏染。

《勝鬘經》云：「如來藏處說聖諦義，如來藏處甚深故說聖諦亦甚深，微細難知、非思量境界，是智者所知、一切世間所不能信。……非壞法故名爲苦滅。所言苦滅者名無始無作、無起無盡離盡，常住自性清淨、離一切煩惱藏。世尊，過於恆沙不離不脫不異，不思議佛法成就，說如來法身。世尊，如是如來法身不離煩惱藏，名如來藏。」

《勝鬘經》謂，「如來藏」的甚深義和「四聖諦」的甚深義一樣，皆微細難知，非思量境界，一切世間凡夫所不能信，只有智者能明白。所謂的「苦諦」熄滅後得「滅諦」（涅槃），不是說「苦諦」是壞法、「滅諦」是聖法，因爲苦、滅之名相本來皆無所有，但其義無盡、無法言詮。

「滅諦」是法爾常住的「如來自性」（佛性），其性清淨無染、離一切「煩

惱藏」；而「如來自性」和「煩惱藏」無始以來不曾相離，這樣的狀態不曾變異。諸佛在因地時熏習不可思議的佛法而成就了「如來法身」，開顯了藏在煩惱之中的「如來自性」，「如來自性」藏於煩惱卻又遠離一切煩惱的熏染，這是名之為「如來藏」的甚深義。

異熟識、異熟果

眾生第八識的「業種子」在生命輪迴時會作總結並招感此生的果報，所以每世的果報稱為「異熟果」，而每世的第八識稱為**「異熟識」**。異熟識是指尚未變現的種子因，異熟果是指種子已經變現的此生果。「異熟果」有三種特質：變異、異時、異類。

一、變異：因需要經過醞釀才成為果，在醞釀的過程中因會產生「變異」才成為果，因和果已經不同。二、異時：種子為因，須經過時間的醞釀變異，才顯現為果，果報須經過「異時」而熟。三、異類：業種子的性質是因，有善惡的分類，但是異熟之後的果卻沒有善、惡之分，而是總結為「無記」。

眾生每世總結的「異熟果」不能稱為善報或惡報：若總結為善報，則此生應恆感樂受；反之，若總結為惡報，則此生應恆感苦受。但眾生的苦樂之受是變動無常的，是隨當下所起之善念而提升、惡念而沉淪，是不停滾動的狀態。正因為每世的異熟果是「無記」，眾生才有轉凡成聖的可能。

凡夫的「異熟識」充滿了煩惱的業種子，所含藏的種子有善、有惡、有無記，還有被這些種子所覆蓋的「如來自性」。當煩惱滅盡，雜染種子全部轉為清淨時，「異熟識」轉為圓滿的**「無垢識」**，也就是沒有煩惱障蔽的「如來自性」。如來自性藏於煩惱中不被眾生得見，故稱為「如來藏」，此「如來藏」也是小而無內的如來智種。

1.25 自在天也是一切智的種子。

तत्र निरतिशयं सर्वज्ञबीजम्॥२५॥

tatra niratiśayaṁ sarvajña-bījam ॥25॥

自在天也代表「小而無內」的智種

《勝鬘經》云:「世尊,如來藏者是法界藏、法身藏、出世間上藏、自性清淨藏。此性清淨如來藏,而客塵煩惱上煩惱所染不思議如來境界,何以故?剎那善心非煩惱所染,剎那不善心亦非煩惱所染。煩惱不觸心,心不觸煩惱。雲何不觸法而能得染心?世尊,然有煩惱、有煩惱染心,自性清淨心而有染者,難可了知。……無量煩惱藏,所纏如來藏……爲煩惱隱覆,眾生不見,故名爲藏,是眾生藏如來也。」《楞伽經》云:「何者圓成自性?謂離名相、事相一切分別,自證聖智所行眞如,大慧,此是圓成自性,如來藏心。」

《勝鬘經》謂,「如來自性」是法身藏、自性清淨藏,此清淨如來藏於煩惱中,卻又遠離一切煩惱的熏染,善心無法熏染祂、不善心也無法熏染祂,這種不二的狀態實在難以了知。「如來自性」被客塵煩惱隱覆,因此眾生不能得見,是眾生將如來藏了起來,故稱爲「如來藏」。

《楞伽經》亦謂,「圓成實自性」就是「如來藏心」,能得見「圓成實自性」,是因爲在「依他起自性」上捨離了「遍計所執自性」,從此對一切法(人事時地物)的名言、事相,不再起二元對立的執著分別,這是聖者自證眞如之境界,也就是「圓成實相」。

第八識雖然有眾生每世累積的業種子，然而在這些重重煩惱的覆蓋下，卻珍藏了「如來自性」，是一切智的種子，亦爲眾生本自具足的「佛性」。以佛性智慧的功能來說稱爲「般若」；以佛性能用的功能來說稱爲「法身」，名雖不同，體即是一。

最清淨法界等流正聞

「如來自性」是眾生本有的佛性智種，若要令種子發芽茁壯，還要從外面熏習清淨的種子，才能不斷長養內在的功德田。一旦第八識積集了足夠的無漏（清淨無煩惱）種子，就會由「量變」產生「質變」，開始對治有漏（雜染有煩惱）種子。無著菩薩在《攝大乘論》中將這些後天熏習進來的無漏種子形容爲「最清淨法界等流正聞」。

第八識統稱爲「心」（八識實爲一心，是世尊爲說明什麼是心才剖析爲八）。《瑜伽師地論》謂，「心」的本質有二：**一切有漏種子**所隨「依止」性、**無漏種子**所隨「依附」性故能對治第八識的雜染。故知，無漏種子能「依附」在雜染的第八識但性質卻不攝屬於雜染的第八識，而眾生的有漏種子則「依止」在第八識，性質屬於雜染的第八識，唯有無漏種子能對治。

這些熏習進來的無漏種子會依附在眾生每世的異熟識，由於善法不會散失，故能持續澆灌眾生的如來智種，使無漏的種子不斷獲得滋養。一旦無漏種子的數量夠多，就能對治有漏的種子，將其轉爲清淨。

《攝大乘論》將無漏的種子比喻爲晶瑩的油，將有漏的種子比喻爲混濁的水，油、水灌注在一處，看似分離，但油的分量若是夠多就可以對治水，而出現乳化的現象，此時量變產生質變，象徵八識開始轉染爲淨的過程。

1.26 祂的存在超越了時間，成就的大師與之同體。

पूर्वेषाम् अपि गुरुः कालेनानवच्छेदात् ॥२६॥

sa eṣa pūrveṣām-api-guruḥ kālena-anavacchedāt ॥26॥

「自在天」代表大而無外的「如來法身」理體，也代表小而無內的「如來自性」智種，無始以來所有成就的大師所證得之般若和法身，皆與「自在天」同爲一體，是一盞燈的與千億盞燈同放光明的關係。

故《華嚴經》云：「十方三世佛，同共一法身」，復云：「心、佛及眾生，是三無差別。」解脫後的聖者猶如一滴水融入了大海，「個人的如來自性、眾生的如來佛性、諸佛的如來法性」三者已無差別。

皈依自性三身佛

《壇經》惠能大師說，解脫成就的大師眞正皈依的是自己本來就有的「如來自性」，如來自性具有的三身佛：法身佛、報身佛、化身佛。上上根器的行者明了萬法唯心，故向內皈依本有的「如來自性」。

「法身佛」如天常清、日月常明，但是被妄想的浮雲遮蔽，風吹雲散之時即是皈依自性法身佛；「報身佛」是無二元對立之實性，若無妄想執著即於實性中不染善惡，能自修此功德即是皈依自性報身佛；「化身佛」是變化無常的心念，有千百億的思量即有千百億的化身，轉化念頭即能轉化心境，若能不思萬法則性本如空，即是皈依自性化身佛。

1.27 祂的表記咒音爲「唵」OM。

तस्य वाचक: प्रणव:॥२७॥

tasya vācakaḥ praṇavaḥ ‖27‖

「一眞法界」之性體無始無終、無量無邊，形而上且不可思議，除以「自在天」之形象表記祂的教法外，同時以咒音「唵」OM 表記祂的眞言。「眞言」是眞實之言，又稱爲「陀羅尼」，陀羅尼有總持之義，是用精簡的一個字、或幾個字來總攝諸佛無量的教法。

三脈

「三脈」起源於古印度瑜伽術。「脈」的梵文爲 nadis，是能量流動的通道，承載著生命「元氣」（prana）。人體內有 7 萬 2 千條氣脈在運行，其中最重要的三條稱爲中脈（Shushumna nadi）、陰（左）脈（Ida nadi）、陽（右）脈（Pingala nadi）。「中脈」位於脊柱處，陰陽兩脈分立兩側。

「中脈」是人體的生命中樞，是個人「自性」和法界（宇宙）「法性」合一的通道，但是凡夫的「中脈」處於堵塞的狀態，故只能使用陰、陽兩脈，但又無法均衡的使用兩脈，因而造成了陰陽失衡的人格（心）和體質（身）。例如，較常使用「陰脈」的人：身心偏於被動，文靜、心靈導向；較常使用「陽脈」的人：身心偏於主動、積極、物質導向。

七輪

三脈有七處重要的能量中心，輻射之氣脈猶如漩渦般不停轉動的車輪，故稱爲「脈輪」。這七個「脈輪」是身心修煉的關鍵部位，瑜伽最終的目的是要消融一切法二元的對立性（心），從而使失衡的「脈輪」（身）達至陰陽合一，此時「中脈」暢通，完成不二的修煉，不二即是一如，是「脈輪」最平衡圓滿的狀態。

七個「脈輪」由下而上爲：海底輪、生殖輪、臍輪、心輪、喉輪、眉心輪、頂輪，分別對應著不同的「種子音」：LAM、VAM、RAM、YAM、HAM、OM、靜音。「眉心輪」掌管著深層意識，其種子音即爲「唵」OM，「頂輪」則爲超越了意識，其種子音爲無聲的靜音。

一切都是振動

美國籍科學家尼古拉‧特斯拉（Nikola Tesla, 1856-1943）說：「如果你想要了解宇宙（的奧祕），請往能量，頻率和振動方面思考。」（If you wish to understand the universe, think of energy, frequency, and vibration.）

振動是宇宙最基本的特性，從微觀到宏觀，一切都在振動。「種子音」的持誦會產生聲波的振動，聲音在水中傳遞的速度比在空氣中快五倍，而人體約有 70% 是水分，這是持誦「種子音」得以調和脈輪的原理。

根據研究，432 Hz 赫茲頻率被認為是最自然的音頻，能和宇宙產生和諧的共振，為身心帶來寧靜和放鬆的能量。關於「眉心輪」的種子音 OM，讀者可上 YouTube 網站搜尋關鍵字「OM Chanting 432 Hz」，體驗 OM 咒音的持誦。

眾生的心無始以來熏習了無量的雜染種子，產生的種種煩惱使本該平衡的七個「脈輪」產生了陰陽失衡，進而造成「中脈」堵塞。我執是煩惱的源頭，也是「脈輪」陰陽失衡的主因，若能對瑜伽行法的唯識教理有正確的領悟，再配合修持相應「脈輪」的種子音，就能清理該失衡的「脈輪」。然而咒音的持誦包括了念力、定力、慧力，須正確修持才能真正獲益。

1.28 反覆修持並悟得「唵」OM 的真實義。

तज्जपस्तदर्थभावनम्॥२८॥

taj-japaḥ tad-artha-bhāvanam ‖28‖

修持「唵」OM 的方法是止觀

「唵」OM 的修持法門仍然是止、觀。若反覆持誦「唵」OM，不思惟其深義是修「止」，此時只以「念」心所專心持誦，直到所緣只有念念相續的「唵」字一境或「唵」音一聲，則達到了「定」心所的「心一境性」，所成就的定境能令心暫時不起煩惱。

若是修「觀」，則要尋伺、思惟「唵」OM 的甚深義，此時用的是「思心所」的思惟力、「慧心所」的簡擇力，不斷尋思揀擇「唵」OM 的真實義。若能對此真言之甚深義有所領悟或勝解，所成就的般若智慧能令心在知見上不再起煩惱、甚至滅除煩惱。

「唵」OM 的真實義

關於「唵」OM 的涵義，在古印度《曼都卡奧義書》Mandukya Upanishad 中有詳細記載。《奧義書》是古印度經典文獻的總稱，不同內容的奧義書以韻文、論文或對話錄等形式呈現，是廣義吠陀文獻的一種。古奧義書主要在探討人生和宇宙的究竟真相，其中《曼都卡奧義書》是字數最少但內容最核心的一部。

《曼都卡奧義書》

1. OM 代表永恆無垠的「一真法界」（舊譯大梵宇宙），他的存在是 OM：過去、現在、未來是 OM，超越過去、現在、未來也是 OM。

2. OM 是一真法界，也是「如來自性」（舊譯為原人），有四重狀態。

3. 第一重狀態是清醒的表面意識。「般若心所」藉由七部十九門感知外在粗重的世界，能以表面意識粗尋一切外境。

4. 第二重狀態是深層的夢中意識。「般若心所」藉由七部十九門感知內在細微的世界，能以潛在意識細伺一切法境。

5. 第三重狀態是深睡的意識。「般若心所」進入深沉精微的狀態，對細伺境已了無慾望，是無夢的狀態。此時意識不起分別，所見已無二元對立，因而充滿喜樂且以喜樂為食。

6. 全能的「自在天」是一切智種，住於萬法的源頭，不但能流轉出諸法萬相，亦能還滅諸法萬相於源頭。

7. 第四重狀態開顯出「如來自性」。珍貴的「般若心所」不是認知、也不是不認知，是不二的狀態。「如來自性」無形無相、無法感知、無法衡量、不可思議、獨一無二，能緣起萬法但言語道斷。

8. 「如來自性」由一個重要的音節 OM 表註。OM 由三個音 A、U、M 及一個靜音所組成，相應於前述四重意識。

9. 第一個音 A（啊）代表清醒的狀態。A 是 OM 的初始音，A 被所有聲音含括。對第一重意識瞭悟的人，希願獲得滿足。

10. 第二個音 U（鳴）代表夢中的狀態。U 是 OM 的第二個音，介於清醒與深睡的性質。對第二重意識瞭悟的人，來生能成為婆羅門種姓的眷屬。

11. 第三個音 M（嗯）代表深睡的狀態。M 是 OM 的第三個音，此時 A、U 融入 M 成為完整的 OM 音。對第三重意識瞭悟的人，通達一切精微的內在。

12. 第四個音是 OM 音之後的靜止狀態。此境界無法以意識理解或名言表達，是超越喜樂的真樂，是不二一如的狀態，唯證方知。對第四重意識瞭悟的人開顯出「如來自性」，並與「一真法界（性）」合而為一。

在早期的吠陀經典和奧義書中，「大梵」的原意是寂靜、清淨，為無形、無相的大宇宙。至於「七部十九門」應是指：地、水、火、風、空、見、識七部；十九門應是指六根、六境、六識組成之十八界，再加上「一真法性」。

「六字大明陀羅尼」

「六字大明陀羅尼」出自《大乘莊嚴寶王經》，此六字陀羅尼是觀自在菩薩（觀世音菩薩）的心咒，俗稱「六字大明咒」或「六字真言」，是部分佛教徒普遍持誦的咒語，特別盛行於西藏地區。世尊在經中曾說，「六字大明陀羅尼」是觀自在菩薩的微妙本心，若能明瞭此**微妙本心**即知解脫之妙法。

「六字大明陀羅尼」的梵文為 Om Mani Padme Hum，音譯為「唵、嘛呢、叭咪、吽」。「嘛呢」Maṇi 是清淨無垢的摩尼寶珠，「叭咪」Padme 為冰清玉潔的蓮花，「吽」Hum 是開顯、開悟。因此「六字大明陀羅尼」的意譯為「唵 Om！開顯在蓮花中的摩尼寶珠而開悟」。

無暇的寶珠象徵無染的「如來自性」（佛性），出污泥而不染的蓮花象徵逐漸由染轉淨，由凡夫至佛果的理路。蓮花的根長在污泥裡，泥根象徵三界六道的眾生；蓮花的莖生在清水中，水莖象徵不斷登地的菩薩；蓮花開在水面上，象徵超越染、淨，圓滿成就的諸佛。蓮花一開，裡面的蓮子同時結果，開花同時結果，寓意諸佛成就時「同時完成自覺覺他」的圓滿覺行。

1.29 當下「思心所」證得「現量」，「障礙」消失。

ततः प्रत्यक्चेतनाधिगमोऽप्यन्तरायाभावश्च ॥२९॥

tataḥ pratyak-cetana-adhigamo-'py-antarāya-abhavaś-ca ‖29‖

第 23-29 頌是針對上根之人所闡述之頓法：23-26 頌是頓法的教理，27-28 頌是頓法的修持，第 29 頌是頓修的證果。「現量」也稱為現證量，是指行者解脫後所證入的「見道位」，此時初地菩薩的「遍行」心所已無二元對立的分別執著。

在沒有煩惱的 21 種心所中，已介紹 11 種「善心所」、5 種「別境心所」，現在介紹的是隨時隨地都會發生、且普遍存在於八識心行的 5 種心所，稱為五遍行：作意、觸、受、想、思。

一、作意心所

《廣五蘊論》曰：「云何作意，謂令心發悟為性，令心心法現前警動，是憶念義，任持攀緣為業。」《成唯識論》曰：「作意，為能警心為性，於所緣境引心為業，謂此警覺，應起心種，引令趣境，故名作意。」《中阿含經》云：「肉眼不壞，外色為光明所照，便有念，眼識得生。」

「作意」是注意，是起心動念的開始，能令心生起警覺，並喚起相應的種子現行、攀附趨向所緣境，是引領心投注某處的起始作用，因此「作意」是念的開頭，具有「警心性」。

例如眼根不壞便能藉由光明引起「作意」趨向所緣色境，與境觸合而產

生眼識。六根趨向六境而有各自的「作意」，此時還沒產生六識虛妄執著的分別（分別好壞的二元對立），只先產生「念頭」，念在識的前頭，故稱爲念頭。

二、觸心所

《廣論》曰：「云何觸，謂三和合，分別爲性。三和，謂眼色識，如是等，此諸和合心法生故名爲觸，與受所依爲業。」《識論》曰：「觸謂三和，分別變異，令心、心所觸境爲性，受、想、思等所依爲業。謂根、境、識更相隨順，故名三和。」

「根」觸「境」當下同時產生「識」，而有虛妄執著的分別，根、境、識三者相合稱爲「觸」，觸合當下產生之識具有「分別性」。例如耳根一接觸聲境（一首歌），耳識與第六識同時作用識別出歌名，隨即展開後續一連串的主觀心理作用「受、想、思」。

在「觸心所」的分別下，瞬間產生的「受心所」有樂受、苦受、或不苦不樂受。樂受產生正面想法、苦受產生負面想法、不苦不樂受沒有特殊想法，是爲「想心所」；正面想法產生正面決定、負面想法產生負面決定、不苦不樂受沒有特別決定，是行動前的意志力，稱爲「思心所」。

三、受心所

《廣論》曰：「受有三種，謂樂受、苦受、不苦不樂受。樂受者，謂此滅時，有和合欲。苦受者，謂此生時，有乖離欲。不苦不樂受者，謂無二欲，無二欲者，謂無和合及乖離欲。」《識論》謂：「受，謂領納，順、違、俱非境相爲性，起愛爲業。」

「受」就是內心的情緒感受，有樂受、苦受、不苦不樂受。觸合順境即領納樂受，觸合逆境即領納苦受，觸合不順不逆境即領納不苦不樂受，故「受心所」具有「領納性」

「受心所」在領納當下即有貪愛或不貪愛的心理作用：樂受即貪愛想要擁有，產生一種和合的慾望；苦受即不貪愛想要趕快脫離，產生一種乖離的慾望；不苦不樂受則沒有前述二種慾望。

四、想心所

《廣論》曰：「云何想？謂於境界取種種相。謂能增勝取諸境相，增勝取者，謂勝力能取，如大力者，說名勝力。」《識論》：「謂於境取像為性，施設種種名言為業……想能安立，自境分齊。若心起時，無此想者，應不能取境分齊相。」《大毘婆沙論》云：「受能發起愛諍根本，想能發起見諍根本。」

「想」是用意言（無聲的語言）進行想像，具有「取像性」。例如眼根一接「觸」色境（一張黑白照），眼識和第六識識別出是小時候的照片，瞬間感「受」到愉悅，並用第六識的我執名言描繪出小時侯的回憶影像。

論曰，「想心所」有「增勝取境」的力量，是非常強烈的取像作用，對境能自行施設種種名言，將境轉化為心目中的「想像」。「想心所」必須有「想要」取像的名言種子，腦海才會有相關境相的形成；反之，沒有「想要」則沒有相關境相的形成。

又「受心所」能產生貪愛的作用，這種占為己有的慾望會引起人與人在情緒上的對立；而「想心所」是以我執的名言種子在進行意言的描繪（遍計所執相），會引起人與人在想法上的對立。

五、思心所

《廣論》曰：「云何思，謂於功德過失，及以俱非，令心造作意業為性。此性若有，識攀緣用，即現在前，猶如磁石吸鐵令動，能推善、不善、無記心為業。」《識論》曰：「謂令心造作為性，於善品等役心為業。」

「思」是準備採取行動之前的心理作用，具有「造業性」。「想」比較散亂混屯，屬於沒有組織的妄想；「思」比較專注具體，是準備採取行動前的意志力，雖然還沒有語言或行動，卻已產生功德或過失（善業或惡業），稱為「意業」。

思心所有三個步驟：審慮、決定、發動。「審慮思」是還在內心籌畫度量，「決定思」是審慮之後在心中作出了決定，「發動思」是準備採取語言或行動前的心理作用，是第六識即將為善或造惡的最後推動力，猶如磁將吸鐵，箭在弦上。

「五遍行」是瞬間完成的一念

《百法論義》謂，此五遍行「雖有五法，其實總成一念」，又云：「若無遍行五法，則一念不生」。又《大藏法數》云：「一念中有九十剎那，一剎那中有九百生滅。」

五遍行雖有五步驟，卻是在剎那間完成的一念。《佛光大辭典》謂，「一剎那」約 1／75 秒，若以「一念中有九十剎那」換算，則完整的一念約需時 1.2 秒，也就是說從腦海中開始作意、觸境、產生感受、想法、到準備採取行動之前，所形成完整的一念約 1.2 秒。

論曰「一剎那中有九百生滅」在強調八識「種子」各自現行的速度和數量，一剎那即有九百個種子的生滅現行。由於太過快速，所以一般人覺

察不到自己的五種心行，只能受業力的牽引不斷輪迴在自己的慣性思維，「作意」瞬間即產生識別、感受、想法、並準備採取行動。

「現量」又稱「五同緣意識」

「現量」是解脫的聖者捨離了第六識的執著分別而起用的「自性分別」，而眼識、耳識、鼻識、舌識、身識等五識原本就只有「自性分別」，此時第六識與五識同緣一境，但能客觀取境、不起二元對立的分別，稱為「五同緣意識」。

「五同緣意識」是指第六識與五識對一同所攀緣之境只起用「自性分別」，五識如明鏡般映照出五境，此時第六識與五識同緣行相卻不籌不度，皆為「現量」；因為僅以初心取境未有執著的分別，故所緣之境又稱為「性境」。

「現量」能斷除兩種「障礙」

小乘佛教的行者修的是「解脫道」，求的是自我解脫，所以僅能成就羅漢道；大乘佛教的行者修的是「菩薩道」，自度同時度人，最終要成就佛道。菩薩從初地到十地要逐步解決兩種障礙才能圓滿成就佛果，這兩種障礙是煩惱障和所知障。

「煩惱障」由我執引起，是在「依他起相」上增加的遍計所執想，會障礙能見；「所知障」由法執引起，是在「依他起相」上投射的遍計所執相，會障礙所見。《成唯識論》說，煩惱障和所知障皆源自根本煩惱「我見」，而「煩惱障」一起必同時生起「所知障」，故二障皆與煩惱有關。

因執著於「有我」而障礙了自覺的能力，稱為「煩惱障」。「所知障」是煩惱障礙了所知法，不能如實了達所見一切法「唯識所現」，而以為

「心是心、境是境」，認爲「心、境」無關，對一切法還有執著而障礙了「覺他」的能力，稱爲「所知障」。

「自覺」是自證涅槃（自我了脫生死）的能力，「覺他」是證得無上菩提（自、他不二）的能力。登地菩薩要斷除兩種障礙才能自覺、同時覺他。菩薩初見道時，只斷除了一分的障礙，得見一分圓滿的「圓成實相」；十地菩薩斷除了十分的障礙，得見十分圓滿的「圓成實相」。

成佛的「無上菩提」

「菩提」是梵語 bodhi 的音譯，意譯爲「覺」，包括能覺、所覺。「無上菩提」就是「無上覺」，是無上正等正覺的簡稱，梵文爲 anuttara-samyak-saṃbodhi，音譯是「阿耨多羅三藐三菩提」，是成佛才有的「覺行圓滿」。

「菩薩」的梵語是 bodhisattva，音譯是「菩提薩埵」，意譯爲「覺有情」。見道的菩薩本身是「已經覺悟佛性的有情眾生」，初地菩薩的目標是向上登地、最終成佛，因此他們的工作就是不斷的自渡渡人，以隨緣不變、不變隨緣的善巧方便「去幫助有情眾生覺悟佛性」，自覺同時覺他才得以向上登地。

小乘行者只求「自覺」，只須斷除「煩惱障」即可入涅槃了生死；大乘行者雖然斷除煩惱障，卻了悟「自他一如」，因而不入涅槃，發願重返娑婆度脫眾生，以斷除「所知障」。

《瑜伽師地論》：「云何菩提？謂略說二斷二智是名菩提。二斷者：一煩惱障斷。二所知障斷。二智者：一煩惱障斷故，畢竟離垢，一切煩惱不隨縛智。二所知障斷故，於一切所知無礙無障智。」《成唯識論》云：「由斷礙解所知障，故得大菩提（無上覺）。」

論曰，什麼是「覺」？斷二障轉得二智。斷除煩惱障即生「一切煩惱不隨縛智」，斷除所知障即生「一切所知無礙無障智」。菩薩登地逐漸破除兩種障礙，漸漸圓滿兩種智，是不斷自覺覺他的過程。成佛時捨離了極細微的「煩惱障」而成就「大涅槃」，捨離了極細微的「所知障」而成就「大菩提」。大菩提就是「無上菩提」，是佛陀自覺同時覺他的「覺行圓滿」。

1.30（中、下根之人）有八種煩惱障礙：疾病、昏沉、懈怠、放逸、不正知、掉舉、失念、散亂。

व्याधिस्त्यानसंशयप्रमादालस्याविरतिभ्रान्तिदर्शनालब्धभूमिकत्वानवस्थितत्वानि
चित्तविक्षेपास्तेऽन्तरायाः ॥३०॥

vyādhi styāna saṁśaya pramāda-ālasya-avirati bhrāntidarśana-alabdha-
bhūmikatva-anavasthitatvāni citta-vikṣepāḥ te antarāyāḥ ॥30॥

第 30-39 頌是針對一般根器的修行人所開示的法門，稱爲「五停心觀」，因爲中、下根之人還有很多的煩惱會障礙修行，故要先對治 6 根本煩惱所衍生的 8 種「大隨煩惱」，修行才不會事倍功半，是「漸修」之路。

八種「大隨煩惱」心所

前已介紹 6 種「根本煩惱」、4 種「不定煩惱」，現在要介紹從根本煩惱衍生出的 8 種「大隨煩惱」，這些煩惱不但前五識有、第六識也有、更隱藏在第七識，是很深沉頑固的習性。

一、疾病

《大涅槃經》〈現病品〉：「迦葉菩薩白佛言，一切眾生有四毒箭則爲病因。何等爲四？貪慾、瞋恚、愚癡、憍慢，若有病因，則有病生。……有二因緣則無病苦，何等爲二？一者、憐愍一切眾生，二者、給施病者醫藥。……凡所給施病者醫藥，爲除眾生諸煩惱障、業障、報障。煩惱障者，貪慾、瞋恚、愚癡、忿怒、纏蓋、焦惱、嫉妒、慳吝、奸詐、諛

諂、無慚、無愧，慢、慢慢、大慢、不如慢、增上慢、我慢、邪慢、憍慢……。業障者，五無間罪重惡之病。報障者，生在地獄、畜生、餓鬼。」

《大涅槃經》謂，一切眾生會生病皆源於四種猶如毒箭般的煩惱：貪欲、瞋恚、愚痴、憍慢。若無病苦是因為有兩種因緣，一是對眾生有憐愍的悲心，二是對有病苦的眾生施予醫藥，且所施之醫藥能去除眾生的「煩惱障、業障、報障」。

「煩惱障」是貪慾、瞋恚、愚癡、忿怒、纏蓋、焦惱、嫉妒、慳吝、奸詐、諛諂、無慚、無愧、增上慢、我慢、邪慢、憍慢……等等。「業障」是因為煩惱亂心而造了五逆罪（殺父、殺母、殺阿羅漢、破壞僧團、出佛身血）所生的重惡之病。「報障」是因為各種煩惱累積之重業而轉生到畜生、餓鬼、或地獄三惡道之果報。

《維摩詰經》〈問疾品〉：「維摩詰言，有疾菩薩應作是念：今我此病，皆從前世妄想顛倒諸煩惱生，無有實法。誰受病者？所以者何？四大合故假名為身，四大無主、身亦無我。又此病起皆由著我，是故於我不應生著。既知病本，即除我想及眾生想。」

維摩詰居士說，今生有病，是因為累世的顛倒妄想而衍生的各種煩惱所致，然而疾病並不是永恆不變的實法（病亦無實，唯識、唯煩惱所現）。是誰在受病呢？「身」只是四大（地、水、火、風）的因緣和合，並沒有「我」的條件在其中，故真相是「四大無主，身亦無我」。

生病皆是因為執著「有我」（有我而起貪瞋，無我則無從起貪瞋），這樣的妄想顛倒是諸病之本；既然知道生病的本源是「我執」，若要除病，就要斷除「有我、有眾生」的觀念，因為眾生（因緣和合之生謂之眾生）也是唯識所現，故應去除人、我之差別相。

「疾病」是八種大隨煩惱之首，生病的外表看起來是四大不調，其實是內心的各種煩惱所導致。我執是各種煩惱的根源，各種煩惱的糾結造成了「疾病」，疾病導致身心「昏沉」，昏沉導致行事「懈怠」，懈怠導致行為「放逸」。

二、昏沉

《成唯識論》：「云何昏沉？令心於境無堪任為性，能障輕安、毘鉢舍那為業。」

「昏沉」源自於癡煩惱，是身心沉重的狀態。一般人會感到「昏沉」是因為有疾病，有疾病的人能量低落或混亂，造成讀書或做事沒有專注力和執行力，故昏沉的本質是「無堪任性」，是一種沒有承擔力的心態。

對修行人來說，入座修止觀時若會打瞌睡就是陷入「昏沉」，是沒有能力專注「所觀境」的狀態，會障礙「輕安」的生起和「毘鉢舍那」的觀行。「輕安」已如前述，是修入禪定所產生的舒暢調達；「毘鉢舍那」是梵語 vipaśyanā 的音譯，意譯為「觀」，昏沉之人沒有能力起慧觀的簡擇。

三、懈怠

《成唯識論》：「云何懈怠？於善惡品，修斷事中，懶惰為性；能障精進，增染為業。」《瑜伽師地論》謂「云何懈怠？謂執睡眠、倚臥為樂，晝夜唐捐，捨眾善品。」

「懈怠」源自於貪、癡煩惱。身心若昏昧沉重，就容易耽溺於倚臥、睡眠、玩樂，導致光陰虛度，懈怠的習性養成之後，就變的不夠勤快，因此「懈怠」的本質是「懶惰性」，是一種不喜歡花費體力或腦力的心態。

對修行人來說，「懈怠」會導致對善法不能持續修行，對惡法又無法抗拒修斷，會形成散漫的性格，障礙精進的心態，無法成辦世間法、世出法的各種事業。

四、放逸

《成唯識論》：「云何放逸？於染淨品，不能防修，縱蕩爲性。障不放逸，增惡損善所依爲業。」

「放逸」源自於**貪、瞋、癡煩惱**，是放縱五根五慾的心態。放逸之人已經沒有約束或管理慾望的能力，只會不停攀緣五境，做出增惡、損善的事情。對於惡行不能即時防止，對於善法不能如理修行，因此「放逸」的本質是「**縱蕩性**」，是一種恣意而放縱的心態。

綜上，「疾病、昏沉」是缺乏堪任善法的能力，「懈怠」是即使行善也不夠主動積極，「放逸」是根本不行善法。以下要介紹的「不正知」是對善法沒有正確的觀念，因而導致「掉舉」（胡思亂想而引起的躁動不安）、掉舉導致「失念」（無法明記善法）、失念導致「散亂」（無法制心一處）。

五、不正知

《成唯識論》：「云何不正知？於所觀境，謬解爲性；能障正知，毀犯爲業。」

「不正知」源自於**癡煩惱**，是與生即有或後天習得的不正確觀念。對一般人來說，錯誤的觀念將導致錯誤的決定和言行。對修行人來說，若無善知識的正確引導，將會對「所觀境」生起錯謬的簡擇，障礙正法的理解，甚至毀犯戒法。因此，「不正知」的本質具有「**謬解性**」，是一種扭曲或錯解人、事、物的心態。

六、掉舉

《成唯識論》：「云何掉舉？令心於境，不寂靜爲性；能障行捨、奢摩他爲業。」

「掉舉」源自於**貪**煩惱，是心念高舉浮動、不得安寧的心態。由於思想觀念錯謬，而時常陷入妄想執著，無法令心安止。因此「掉舉」的本質具有「**不寂靜性**」，是一種時常在胡思亂想的習慣。

座中修時若頻打妄想，將無法安止於「所觀境」，會障礙「行捨」和「奢摩他」。「行捨」已如前述，是修入禪定而進入的不沉不浮；「奢摩他」是梵語 śamatha 的音譯，意譯爲「止」，掉舉之人沒有能力專注於一境。

七、失念

《成唯識論》：「云何失念？於諸所緣，不能明記爲性；能障正念，散亂所依爲業。」

「失念」源自於**癡**煩惱。掉舉的心躁動不安，對於曾習境（例如念佛、誦經、持咒）之內涵無法明記，會障礙正念的生起。因此「失念」的本質具有「**不能明記性**」，是一種記了又忘的習慣，會產生散亂的作用。

八、散亂

《成唯識論》：「云何散亂？於諸所緣，令心流蕩爲性；能障正定，惡慧所依爲業。」

「散亂」源自於**貪、瞋、癡**煩惱。「散亂」之人於各種所緣境不停的攀緣流轉、無法專注一處，會障礙正定。因此「散亂」的本質爲「令心流

蕩性」，是一種無法安座、難以專注的習慣，會產生惡慧、胡亂尋思的作用。

小結

八種「大隨煩惱」對世間法要成辦之事業、或世出法要修持的功業皆極為不利。《成唯識論》說「大隨煩惱」和第七識的「我貪、我痴、我慢、我見」恆常相應，和第六識習得的貪、瞋、痴等間斷相應。只要凡夫一生起「根本煩惱」即互相牽引出「大隨煩惱」，且「大隨煩惱」彼此間還會助伴而生起

例如，「貪」心一起同時牽引出疾病、懈怠、放逸、掉舉、散亂；「痴」心會牽引出疾病、昏沉、懈怠、放逸、不正知、失念、散亂；「瞋」心同時牽引出疾病、放逸、散亂。反推，「散亂」心起因於貪瞋痴及相關的大隨煩惱，是各種煩惱錯綜複雜的結果。

對治「大隨煩惱」的方法是多多熏習 11 種「善心所」。例如，「信心」能對治疾病，「輕安」能對治昏沉，「精進」能對治懈怠，「不放逸」能對治放逸，「行捨」能對治掉舉，「無貪、無瞋、無痴」能對治疾病、不正知、失念、散亂等等煩惱。

1.31「散亂」的心伴隨痛苦憂愁，（導致）身體不穩、呼吸不順。

दुःखदौर्मनस्याङ्गमेजयत्वश्वासप्रश्वासा विक्षेपसहभुवः॥३१॥

duḥkha-daurmanasya-aṅgamejayatva-śvāsapraśvāsāḥ vikṣepa sahabhuvaḥ
॥31॥

八種「大隨煩惱」的總結是「散亂」，「散亂」的心伴隨痛苦憂愁，這種無形的負面情緒會反應在有形可見的身軀上，導致四肢不穩、呼吸不順，於是身、心失連，心覺察不到身，身跟不上心，陷入了負能量的循環，煩惱累積的結果產生了質變，就是疾病。

「病」從丙，丙爲火，象徵無形的煩惱心火；「病」的英文爲 disease，是dis+ease（不能＋放鬆），不能放鬆是因爲有各種看不見的煩惱。「煩惱」有 30 種：6 根本煩惱衍生出 8 種大隨、4 種不定煩惱，此外，還有 2 種中隨煩惱、10 種小隨煩惱。

兩種「中隨煩惱」

一、無慚心所：《成唯識論》：「云何無慚？不顧自法，輕拒賢善爲性，能障礙慚，生長惡行爲業。」

「無慚」是沒有反省懺悔的能力，對所做之惡事不覺得有錯，也無須改過，是一種不知羞恥的心態。「無慚」的本質是「輕拒賢善性」，是指

做了錯事不能自我反省，又不能接受賢善之人的教誨，故而不斷助長惡行。

二、無愧心所：《成唯識論》：「云何無愧？不顧世間，崇重暴惡為性，能障礙愧，生長惡行為業。」

「無愧」也是缺乏反省懺悔的能力，對所做之惡事不會感到對不起他人，也無須向別人道歉，也是一種不知羞恥的心態。「無愧」的本質是「崇重暴惡性」，是指做了錯事不覺得愧對他人，也不顧及大眾觀感，故而不斷助長惡行。

反之，「有慚、有愧」是重要的善心所，「慚」是不對自己造罪（自心不起貪瞋痴）；「愧」是不對他人造罪（不對他人起貪瞋痴）。「慚」是能自我尊重，而後見先思齊，崇重賢善；「愧」是能尊重他人，從此對人不再惡言惡行，棄絕暴惡。

「羞恥心」為慚、愧之共相，「崇善、拒惡」為慚、愧之自相。「慚、愧」是十分珍貴的「善心所」，生起「慚、愧」之心還會同時牽引出其他的「善心所」現行，不但能培養自覺力，還能斷惡修善、長養自己的功德業。

孔子說：「見賢思齊焉，見不賢而內自省也。」孔子的學生曾子說：「吾日三省吾身：為人謀而不忠乎？與朋友交而不信乎？傳不習乎？（所傳授學習的內容是否有思惟複習？）」

故知，「反省」就是見賢思齊，見不賢內自省的能力；而「懺」則是陳露先罪，向對不起的人誠心認錯並能說出自己的過失，「悔」是知錯後能夠改正，不再重複犯錯。而佛教的「拜懺」法門，是藉由禮拜諸佛的

形式來反躬自省，因為累世以來因貪瞋痴所造作的罪業和對不起的人已不可數，故藉莊嚴的佛像懺悔自心。

十種「小隨煩惱」

一、忿心所：《成唯識論》：「云何為忿？依對現前不饒益境，憤發為性，能障不忿，執杖為業。」

「忿」源自於**瞋**，是忿怒的情緒。因為對現前之困境、窘境、逆境心生不滿，而憤怒不平，具有「**憤發性**」（憤慨發怒），內心會產生想要杖打別人的情緒。

二、恨心所：《成唯識論》：「云何為恨？由忿為先，懷惡不捨，結怨為性，能障不恨，熱惱為業。」

「恨」也是源自於**瞋**，是怨恨的情緒。怨恨的產生是因為有之前的忿怒，忿怒無法釋懷、鬱結在心中於是才形成怨恨，因此具有「**結怨性**」（結集怨恨），內心會產生熱惱且無法忍受的情緒。

三、惱心所：《成唯識論》：「云何為惱？忿恨為先，追觸暴熱，狠戾為性，能障不惱，蛆螫為業。」

「惱」也是源自於**瞋**，是焦灼熱惱的情緒。熱惱是因為有之前的「忿怒＋怨恨」，而後才形成熱惱。因為不斷追念舊惡，於是青筋暴露、熱血沸騰，具有「**狠戾性**」（兇狠暴戾），內心會產生猶如蜈蚣螫人般的感受。

四、嫉心所：《成唯識論》：「云何為嫉？殉自名利，不耐他榮，妒忌為性，能障不嫉，憂慼為業。」

「嫉」也是源自於瞋，是嫉妒的心態。嫉妒之人喜好追求名利，但是見到他人美好或榮耀之事，心中會感到難以忍受，具有「妒忌性」（嫉妒又憎惡），會引起內心的憂愁和不安。

五、害心所：《成唯識論》：「云何爲害？於諸有情，心無悲愍，損惱爲性，能障不害，逼惱爲業。」

「害」源自於瞋和痴，是想要傷害他人的心態。「害」心重的人對於有情眾生沒有悲憫，還想要傷害有情，故具有「損惱性」（自損又熱惱），會造成想要逼迫、損害他人的情緒。

六、覆心所：《成唯識論》：「云何覆？謂於過失隱藏爲性，於自罪惡恐失利譽，隱藏爲性，能障不覆，悔惱爲業。」

「覆」源自於貪和痴，是想要遮掩的心態。覆蔽心重的人因爲犯了過失，又害怕別人知道而喪失名譽或利益，故而刻意覆蓋所犯之過失，故具有「隱藏性」（隱瞞又掩藏），會產生懊惱、後悔的情緒。

七、諂心所：《成唯識論》：「云何爲諂，爲罔他故，矯設導儀，險曲爲性，能障不諂和教誨爲業。」

「諂」也是源自於貪和痴，是一種諂媚的心態。諂媚之人爲了欺罔他人，而矯情的迎合對方，口說綺麗的言語以謀求己利，具有「險曲性」（陰險又歪曲），會產生無法接受他人教誨的心態。

八、誑心所：《成唯識論》：「云何爲誑，爲獲利譽，矯現有德，詭詐爲性，能障不誑，邪命爲業。」

「誑」也是源自於**貪**和**痴**，是一種誑騙他人的心態。誑騙之人爲了牟取利益或名聲，而假裝有德之人行詐欺之事，具有「**詭詐性**」（詭怪又狡詐），會造成一種不以正當方式謀生的心態。

九、憍心所：《成唯識論》：「云何爲憍？於自盛事，深生染著，醉傲爲性，能障不憍，染依爲業。」

「憍」也是源自於**貪**和**痴**，是一種憍傲的心態。憍傲之人因爲貪戀自己「所擁有的」的事物（如聰明、貌美、健康、血統、富貴）而自我感覺良好，具有「**醉傲性**」（沉醉又高傲），會造成自戀自滿的心態。

「憍與慢」不同，「憍」是對「我所擁有」的感到優越不凡；「慢」是對「我與他人」作比較後自恃高人一等。此外，「憍」是只有第六識才有的小隨煩惱，較易覺察；「慢」是六、七識都有的根本煩惱，深沉難覺。

十、慳心所：《成唯識論》：「云何爲慳？耽著財法，不能惠施，祕吝爲性，能障不慳，鄙蓄爲業。」

「慳」也是源自於**貪**和**痴**，是一種慳吝的心態。慳吝之人對自己所擁有的財物不肯施捨，對於所學得之道法祕不告人，具有「**祕吝性**」（故作神祕又吝嗇），會造成以鄙陋的方式在積蓄財、法的心態。

「慳和貪」不同，「慳」是小器吝嗇，是對自己擁有的財法該捨卻不能捨，慳心只有第六識才有；而「貪」是貪求，是對他人或他物想要攀附求取的慾望，是六、七識都有的根本煩惱，深沉難覺。

小結

各種煩惱引起各種負面情緒的糾結，結果都是由自己買單，受重傷的一定先是自己，而後影響他人。所以**覺察**到內心的各種煩惱非常重要，要先覺察才能進一步**對治煩惱**。

但是各種煩惱藏在內心，無形而抽象，要能覺察必須先「認識」各種煩惱的名字，有了名字就能「見到」煩惱，進而對治煩惱。煩惱是自心所現，覺察不到煩惱就只能成為煩惱的奴隸。

富翁的煩惱

有一位富翁已經可以用錢買到任何他想要的東西，但是卻沒有快樂和幸福的感受，反而有越來越多的煩惱。他相信自己病了，於是尋遍名醫卻未能見效，低潮和無助的心情夜以繼日的折磨著他。

他聽說在偏遠的海濱處有一位很厲害的醫生，於是前往看診。醫生診斷後說：我有個很好的處方且保證有效，便開了三個藥方給富商並叮囑：每張紙各包了一個藥方，你一天服用一帖，不過必須在沙灘上服用才會見效。

富翁半信半疑地接過藥包後，隨即前往沙灘打開了第一個藥方，上面寫著「在沙灘上躺三十分鐘。」富翁覺得被要了，但心想還是試試看吧，便依照指示躺在沙灘上。一開始他一直在妄想著自己有多麼不幸，但漸漸的他看到了藍天白雲、聽到了海浪的波濤聲、聞到了海水的鹹鏽味、觸碰到了沙子的柔軟……，他就這麼躺著直到夕陽西下。

第二天，富翁又來到沙灘打開了第二個藥方，上面寫著「在沙灘上找五條擱淺的小魚把牠們放回海裡。」富翁還是覺得被要了，但仍然遵照醫囑尋找小魚。不知道為什麼，當富翁看到奄奄一息的小魚被放回海裡後

變的生龍活虎，突然間他的心情變得不一樣了，感受到一絲絲的滿足，於是放回了一條又一條的小魚。

第三天，他來到沙灘打開了最後一個藥方，上面寫著「把你的煩惱都寫在沙灘上。」於是富翁找了一根樹枝，在沙灘上不斷的寫著：妻子不體貼、孩子不聽話、朋友不相挺、生意不順利……。他寫著寫著覺得有些累了，於是直起腰來，向下看著自己寫的一連串煩惱，但還來不及看完，突然間一陣大浪打了上來又很快的退去了，富翁卻驚訝的發現，剛才被他寫滿煩惱的沙灘又回覆了平整，彷彿什麼事都沒發生……。

1.32 對治（煩惱）的修行法是以「一實義」爲所緣。

तत्प्रतिषेधार्थमेकतत्त्वाभ्यासः ॥३२॥

tat-pratiṣedha-artham-eka-tattva-abhyāsaḥ ‖32‖

對治這些煩惱的方法就是止觀。修止觀時，所觀之境稱爲「所緣」，所觀之事應符合「一實義」的內涵，即不但能對治煩惱且合乎佛教正理。持誦前述「唵」OM 眞言、或修行後述之「五停心觀」皆符合「一實義」之旨。

一實義

「一」是一眞，一眞是絕對的眞理；「實」是眞實，沒有虛妄顚倒；「義」是所觀事之深奧義。「一實義」是佛陀眞正想要闡述的實相，是「勝義諦」的無爲法，亦爲「世俗諦」的有爲法，而二諦實爲一如。

「世俗諦」和「勝義諦」是佛教非常重要的概念。「諦」是眞相，「世俗諦」是世間有爲法的眞相，是衆生因果流轉、生死相續的事相；「勝義諦」是世出無爲法的眞相，是如如不動、法爾如是的理體，而一切法同時具有這兩種眞相。

「世俗諦」的世界是唯識所現的現象界，也是充滿我執煩惱的經驗界，具有二元對立的衝突性。修行就是破除對名言的執著，從「遍計所執相」返回「依他起相」的因果本然。

「依他起相」就是「世俗諦」，是因緣所生法，即一切人事時地物的發生不是自生、自成、自果，而是各種條件的聚合而有。一切法看似「相有」，但分析到最後是「性空」，故說「緣起性空」。

一切法「空」不是什麼都沒有，而是強調一切法不自生不自滅、不自增不自減、無垢亦無淨，目的是要破執著，而大乘佛法的「空」不只要破我執（能取空），還要破法執（所取空）；也就是證人無我外，還要同時證法無我。

世俗諦、勝義諦不二

《中論》云：「因緣所生法，我說即是空，亦為是假名，是為中道義。」又云：「諸佛依二諦，為眾生說法，一以世俗諦，二第一義諦（勝義諦）。若人不能知，分別於二諦，則於深佛法，不知真實義。」

龍樹菩薩在論中開宗明義即說：一切法是因緣所生法，此法是相有、但是性空，而「有、空」也是施設的假名，明了「空、有不二」的中道才能明了實相的真義。中道實相又稱為圓成實相、勝義諦、真如……，名雖不同，體即是一。

佛陀為眾生說法而施設了「勝義諦、世俗諦」的名相，猶如「圓成實相、遍計所執相」和「無為法、有為法」的施設。一切名相都是佛陀為了闡明「這個世界的真相」而作的名言假立，雖為假立卻是修行的憑藉，若不能明白這個道理而去執著分別二諦之有無，就不能了知甚深佛法的真實義。

為使眾生能進一步瞭解「勝義諦」的內涵，佛陀仍勉強假藉名言在《解深密經》中描述了「勝義諦」的五種相貌：一、離名言相（不可言說、言語道斷）。二、無二相（無二元對立相）。三、超過尋思所行相（無

法尋思勝義諦的眞相，唯有聖智能知）。四、超過諸法一異性相（勝義諦乃「非空非有、即空即有」的中道實相）。五、遍一切一味相（不二即一如，故空有乃一如）。

「隨順」一實義的修法：五停心觀

「資糧位」的修習法門稱爲「五停心觀」。「五」是五種不同的所觀境；「停心」是練習停止第六識的妄想執著以正確思惟教法，「隨順」是指凡夫雖無法眞正觀修「勝義諦」的一實義，但可以在不違背勝義的前提下，隨順對五種所緣練習如理的簡擇。

《瑜伽師地論》謂，凡夫的心行充滿了煩惱，有五種修法可令心清淨：「慈悲觀」可對治瞋煩惱；「入出息觀」可對治散亂煩惱；「緣起觀」對治癡煩惱；「界分別觀」對治我慢煩惱；「不淨觀」對治貪慾煩惱。

「五停心觀」爲大、小乘佛教徒所修習之基礎法門。不同於前述之頓法，「五停心觀」屬於漸法，是普通根器之人在「資糧位」所練習的止觀。然而在正式入座前應先具足相關條件，才能令修行事半功倍。「修行」是修正自己的思想觀念、語言行爲，不止是出家人的道業，也可以是在家人的功課。

簡述止、觀的基本修持

「止、觀」猶如車之雙輪，鳥之兩翼，若只偏重一邊修習，將墮入邪見顛倒。「止」能伏住煩惱，修止雖能成就禪定，但是只有福德，有定無慧是「愚」；「觀」能斷惑證眞，偏學慧理不修禪定，便是有慧無定稱之爲「狂」。

修止觀時可以座中修、也可以歷緣對境修。「座中修」是覓得一清淨處所，以盤腿或坐椅的方式，安靜的觀察自心。「歷緣對境修」是起座之後，在

日常生活中面對色、聲、香、味、觸境時，能穩定延續「座中修」的止心和觀心。二者雖是相輔相成的增上，但初修者的心仍十分散亂，應先以座中修爲主。

「五停心觀」包含了止法和觀法。若對所緣境**修止**，所緣爲「無分別影像」，只須專注的安止於所觀境，沒有思惟和簡擇。反之，若對所緣境**起觀**，所緣爲「分別影像」，要以慧力作分析和簡擇，此時**修止**的功夫暫停。止、觀轉換時，「所緣境」不變，只是心的影像不同。

座中修時若陷入「昏沉」和瞌睡，就要**起觀**，觀修簡擇所緣境的「共相」到「自相」，惟觀修的時間無須太長。心若變得「掉舉」和躁動，就要**修止**，修止的時間宜盡量延長。若一開始入座就沒有雜念、能專注所緣一境就直接修止，不用起觀。止、觀修持若有成效，應會生起輕安受。

當止的能力越來越穩定、**觀**的能力也會越來越細微。修止的目的要證入「色界禪定」，而定有不同的層次：欲界定、未到地定、色界初禪、二禪等等。修觀的目的要證得「實相般若」，而般若也有不同的層次：文字般若、觀照般若、實相般若。

止觀的基礎：九種心住

《瑜珈師地論》：「云何名爲九種心住？謂有苾芻（比丘）令心內住、等住、安住、近住、調順、寂靜、最極寂靜、專注一趣及以等持，如是名爲九種心住。云何內住？謂從外一切所緣境界，攝錄其心係在於內，令不散亂，此則最初系縛其心，令住於內不外散亂，故名內住。云何等住？謂即最初所繫縛心，其性粗動未能令其等住遍住故，次即於此所緣境界，以相續方便、澄淨方便挫令微細，遍攝令住，故名等住。云何安住？謂若此心雖復如是內住等住，然由失念於外散亂，復還攝錄安置內境，故名安住。云何近住？謂彼先應如是如是親近念住，由此念故數數作意內

住其心，不令此心遠住於外，故名近住。云何調順？謂種種相令心散亂，所謂色聲香味觸相及貪瞋癡男女等相故，彼先應取彼諸相為過患想，由如是想增上力故，於彼諸相折挫其心不令流散，故名調順。云何寂靜？謂有種種欲恚害等諸惡尋思、貪欲蓋等諸隨煩惱令心擾動，故彼先應取彼諸法為過患想，由如是想增上力故，於諸尋思及隨煩惱止息其心、不令流散，故名寂靜。云何名為最極寂靜？謂失念故即彼二種暫現行時，隨所生起諸惡尋思及隨煩惱能不忍受，尋即斷滅除遣變吐，是故名為最極寂靜。云何名為專注一趣？謂有加行、有功用，無缺無間三摩地相續而住，是故名為專注一趣。云何等持？謂數修、數習、數多修習為因緣故，得無加行、無功用任運轉道，由是因緣不由加行不由功用，心三摩地任運相續無散亂轉，故名等持。」

《瑜伽師地論》的「九種心住」是止觀法門的重要基礎。「九種心住」是練習將心「繫於所緣一境」的方法，能覺察到原來心並不專注、心不斷在流連甚至失聯，故「九種心住」是練習將心不斷拉回所緣境的過程。

修行應先修習「止心」一處的專注力，而後在止的基礎上練習「觀析」的簡擇力。「九種心住」是心有九種安住的層次：內住、等住、安住、近住，調順、寂靜、最極寂靜，專注一趣、等持。

一、內住：以往心在面對色境、聲境、香境、味境、觸境等外緣時，總是散亂無章地不停向外攀附，現在開始覺察到並有意識的將心攝錄於內，不再輕易的讓心向外飄散，能將心繫住，稱為「內住」。

二、等住：一開始雖然能將心繫縛「內住」，但無始以來心被煩惱擾動故非常粗動，心無法相續、相等、安穩的遍住於內，所以要一直以各種善巧方便挫折粗念，直到心變得澄淨，澄淨能令心變的細微，逐漸細微的心稱為「等住」。

三、安住：此時的心雖能安住於內、等住於內，但偶爾會被外境牽引而忘失，使心念變的散亂，然而修行人能在「事後」覺察到，並將心念再度攝錄安置於內，不斷事後覺察的心稱爲「安住」。

四、近住：經由持續不斷的練習，心已能不斷作意、令其相續安住於內，即使偶爾被外境牽引，也能「立即」覺察並將心再度攝錄於內，此時的心已近住不再遠馳，這種立即覺察的心稱爲「近住」。

五、調順：有了基礎的「止」念後，可以開始**觀察分析**令心散亂的原因，原來是色、聲、香、味、觸五境，以及貪、瞋、癡、男女之事等諸煩惱導致。故作意思惟這些煩惱的種種過患，努力分析這些原因並予以對治、摧折，心因而不再流散稱爲「調順」。

六、寂靜：接著**進一步觀察分析**，令心擾動的原因是心中有種種貪慾，因貪慾未被滿足而生氣憤怒，憤怒不但惱害自己、更會惱害他人，這些「惡尋思」引發的大、中、小「隨煩惱」是令心擾動的禍首，故不斷努力的分析簡擇這些「惡尋思」和「隨煩惱」的過患，心因而不再流散、進入止息的狀態，稱爲「寂靜」。

七、最極寂靜：此時的心雖處於「寂靜」的狀態，卻偶爾會忘記失念、短暫生起上述「惡尋思」和「隨煩惱」，但是心能在當下立**即斷滅**這些過患，以零容忍的態度馬上除遣變吐，而進入「最極寂靜」。

八、專注一趣：（第一至七住心屬於「資糧位」的修行）第八住心正式進入加緊功用修行的「加行位」。此時的止觀修習有成，是「**無缺無間的三摩地**」，即心能在同一所緣專注不散且念念相續，稱爲「專注一趣」。

九、等持：經由「加行位」精進不懈的修習、無間無缺的修習、密集努力的修習，此時功夫已經純熟，無須刻意功用、也無須刻意加行，心能

任意自在的運轉。所行之「三摩地」是止、觀等持的境界，念念相續平等、無散無亂，稱為「等持」。

小結

第一到第四心住偏向「止」的修煉，主要是制伏煩惱引起的波動，在這個「止」的基礎上，第五、六、七心住開始修煉「觀」，重在斷除解決煩惱，不斷分析令心擾動的原因，而後滅除煩惱。第八、第九心住是「三摩地」修行有成的境界，已能止觀雙運、定慧等持。

1.33 以「樂者予慈、苦者予悲、善者予喜、惡者予捨」為觀修之所緣境，可令心清淨。

मैत्रीकरुणामुदितोपेक्षणां सुखदुःखपुण्यापुण्यविषयाणां भावनातश्चित्तप्रसादनम्॥३३॥

maitrī karuṇā mudito-pekṣāṇāṁ-sukha-duḥkha puṇya-apuṇya-viṣayāṇāṁ bhāvanātaḥ citta-prasādanam ‖33‖

對快樂（幸運幸福）的人給予**慈心**祝福、不忌妒；對痛苦（可憐不幸）的人給予**悲憫**關懷、不責備；對行善（做好事積德）之人同感**喜悅**、不批評；對二元衝突的惡相（好壞對立、怨親對立、人我對立）予以**捨離**、平等對待所有眾生。以「慈、悲、喜、捨」作為所觀境，可以對治瞋煩惱，令心清淨。

學習佛的四無量心

學佛就是學習佛的心量，這樣的心量可令自己和眾生的關係（家庭關係、親友關係、同事關係）日趨圓融、最終圓滿。佛的心量是「大慈、大悲、大喜、大捨」，大即無量，是大乘行者、甚至菩薩都要學習的四種心量，練習心量的方法是「四攝法」：布施攝、愛語攝、利行攝、同事攝。

「四攝法」是四種攝引眾生使之產生信任感，而後願意修習佛理、同行佛道的方法。「布施攝」是布施財物、道法以感化攝引眾生。「愛語攝」是口吐芬芳、說出令人歡喜之暖語來感化攝引眾生。「利行攝」是做出有意義的行為來利益他人，以此感化攝引眾生。「同事攝」是能與各種行業的人共同行事、平等相交，以此感化攝引眾生。

「五停心觀」之一：慈悲觀

《瑜伽師地論》：「云何慈愍所緣？謂或於親品、或於怨品、或於中品平等安住利益意樂，能引下、中、上品快樂定地勝解，當知此中親品、怨品、及中品是為所緣，利益意樂能引快樂定地勝解是為能緣。所緣、能緣總略為一，說名慈愍所緣。若經說言慈俱心者，此即顯示於親、怨、中三品所緣利益意樂。若復說言無怨、無敵、無損害者，此則顯示利益意樂有三種相：由無怨故名為增上利益意樂，此無怨性二句所顯：謂無敵對故、無損惱故，不欲相違諍義是無敵對、不欲不饒益義是無損害。若復說言廣、大、無量，此則顯示能引下、中、上品快樂。欲界快樂名廣，初二靜慮地快樂名大，第三靜慮地快樂名無量。若復說言勝解遍滿具足住者，此則顯示能引快樂定地勝解，又此勝解即是能引快樂，利益增上意樂所攝勝解作意俱行。」

《瑜伽師地論》云，修「慈悲觀」時，所緣有三種對象：親品、怨品、中品，「親品」是至親好友、「怨品」是仇敵怨友、「中品」是非親非怨者。練習對這三種人以平等之心待之，且希望他們都利益快樂，這樣的心量能分別引發修行人「下品、中品、上品」三種快樂定地的勝解。應知利樂引發之勝解心是「能緣」，親品、怨品、中品是「所緣」，二者合稱為「慈悲觀」（能緣之心即所緣之境）。

慈心俱足之人，對親品、怨品、中品三種對象皆能展現出平等的利樂心，且俱有有三種心態：無怨、無敵、無害。「無怨」是非常崇高的利樂心，這種厚德載物的「無怨性」會產生兩種作用：無敵對、無惱害；不再與他人產生對立或衝突是「無敵對」，不會再做出無益於他人之事（不傷害或惱亂他人）是為「無惱害」。

修這樣怨親平等的觀法能引發三種層次的快樂（以慈心對待「親品」引發下品快樂、以慈心對待「中品」引發中品快樂，以慈心對待「怨品」

引發上品快樂），而分別獲得廣心、大心、無量心。「廣心」是欲界定的快樂，「大心」是色界初禪和二禪定的喜樂，「無量心」是色界三禪定的妙樂。對怨親平等的涵義有殊勝的理解，就能分別引發上述禪樂，禪樂又能進一步深化平等對待眾生之心，而引發更深層的殊勝理解，二者相乘不斷增上。

易瞋怒之眾生可修「慈悲觀」

《瑜伽師地論》：「若於無苦無樂親、怨、中三品有情，平等欲與其樂，當知是慈。若於有苦或於有樂親、怨、中三品有情，平等欲拔其苦，欲慶其樂，當知是悲、是喜。有苦有情是悲所緣，有樂有情是喜所緣，是名慈愍所緣。若有瞋行補特伽羅，於諸有情修習慈愍，令瞋微薄，名於瞋恚心得清淨。」

《瑜伽師地論》又云，對「不苦不樂」的至親好友、仇敵怨友、非親非怨者，若皆能平等待之，希望他們都能得到快樂，稱為「慈」。對「遭受苦難」的至親好友、仇敵怨友、非親非怨者，若皆能平等待之，希望他們都能脫離痛苦，稱為「悲」。對「幸福快樂」的至親好友、仇敵怨友、非親非怨者，若皆能平等待之，都為他們感到歡慶，稱為「喜」。

對痛苦的有情眾生，修的是「悲心」；對快樂的有情眾生，修的是「喜心」，以上這些都稱為「慈悲觀」。瞋心煩惱特別重的人，若勤加修習「慈悲觀」，能令易怒的瞋心變的微薄，於此得到清淨，不再被瞋煩惱所擾。

進一步簡擇「慈悲觀」

《瑜伽師地論》還進一步闡述如何簡擇「慈悲觀」的六種方法，稱為「六事差別所緣觀」：一義所緣觀、二事所緣觀、三相所緣觀、四品所緣觀、

五時所緣觀、六道理所緣觀。茲就「相所緣觀」之共相部分，摘述觀析「怨親平等」的內涵。

對「親品、中品」之人作慈悲觀並不困難，難的是對「怨品」作慈悲觀。修行人若對「怨品」都願意拔苦予樂，則觀「親品、中品」豈不容易？一切眾生本就是苦，何苦再苦上加苦，而不予人以樂？怨家上輩子也曾做過好事，只是此世與我結怨，非一無可取，我何不原諒他人？怨家也可以是我的善知識，助我放下瞋心，我何不對怨家捨惡修善？

世尊曾說，一切眾生無始世來，經歷生死長河的流轉，彼此不是互相曾為父母、就是曾為兄弟姊妹、親友師長（否則此生不會相聚）。因此一切「怨品」無不皆是我之「親品」；反之，一切「親品」也會有轉成「怨品」之時，「怨品、親品」之內涵變化無常，並沒有恆常的定義。

慈悲就是平等

《瑜伽經》將「慈悲觀」置於「五停心觀」之首，是要修行人在一開始就練習擴大自己的心量，和身邊有緣的眾生解開惡緣、結下善緣。大乘佛教的「菩薩道」之所以異於小乘的「解脫道」，在於大乘行者明白渡人即是自渡，因此不只自求解脫。

小乘行者首重斷「貪」，修「不淨觀」是最快的解脫方法。大乘佛法強調斷「瞋」，修「慈悲觀」以圓滿自己和眾生的關係，最終能成就《華嚴經》中「心、佛、眾生，三者無差別」的境界。

慈是「無緣大慈」，無緣是沒有附帶條件的待人，猶如慈母般的付出，不求回報；悲是「同體大悲」，同體是沒有人我的差別，能悲憫同理眾生，猶如心疼自己一般。

慈悲的字形是「茲心非心」，即說明此慈悲之心非同於凡夫之愛心。佛菩

薩的慈悲心背後是「平等」；凡夫的愛心背後是「我執」。佛菩薩因為怨親平等，故能對眾生不瞋、不害。

慈是無瞋、悲是不害

慈是「無瞋」，不忍心瞋怒眾生；悲是「不害」，不忍心傷害眾生。不瞋害他人就是對他人慈悲，也是對自己慈悲。因此，佛菩薩對眾生慈悲，不會給眾生帶來瞋煩惱；而凡夫的愛帶有我執，用「我」認為對的方式去愛別人，會給別人帶來瞋煩惱。

慈悲不是給予很多的愛，而是有「恆順眾生」的能力。「恆順眾生」是普賢菩薩所發的十大願之一，菩薩發願「願隨順一切眾生，為一切眾生作種種承事供養，就如同孝順父母、尊敬師長、甚至禮拜諸佛一般，以平等心饒益一切眾生，皆無差別。」

隨喜是功德、捨離即精進

「隨喜功德」也是普賢菩薩所發的十大願之一，菩薩發願「對於樂善好施的一切眾生、或已成就功德的一切眾生，心中要對他們的善行和功德充滿感佩和歡喜，口中不停對他們讚嘆、表揚、歌頌，就如同自身在行善積德一般的喜樂」，故說「隨喜」也有功德。

而不斷「捨離」貪、瞋、痴煩惱就是在「精進」修行。煩惱的源頭是我執，「我」已經習慣於怨親有差別、人我有差別的二元對立相，若能覺察到我、並精進捨離我執，就能明了《金剛經》說的「一切賢聖，皆以無為法而有差別。」

1.34 或以放鬆的「出息而後轉息」爲所緣境。

प्रच्छर्दनविधारणाभ्यां वा प्राणस्य ॥३४॥

pracchardana-vidhāraṇa-ābhyāṁ vā prāṇasya ‖34‖

「出息」是指緩緩吐氣的過程:先吐氣,將氣息從肚臍送至面門、鼻端、鼻外,而後準備轉息。「轉息」是將出息轉化爲入息的短暫風息,指向未吸氣之前,在那個不出、不入的停息處所生起之微細風。「所緣境」則包括出息和轉息的整個過程。

據研究,猴子每分鐘約呼吸 32 次,壽限約 8 年。人類每分鐘約呼吸 16 次,壽限約 72 年。龜類每分鐘呼吸約 3-5 次,壽限約 150-200 年。故知,入出息的過程若是急促淺短,壽命就越短;入出息的過程若是放鬆綿長,壽命就越長。

掌握呼吸就能掌握身心

人類一天約呼吸 2 萬 3 千次,卻常處在**無意識**的淺短呼吸,因爲**無意識**的呼吸可交由腦幹延髓的呼吸中樞自動執行。而有意識的呼吸則是深長的腹式呼吸,深度呼吸能幫助「自律神經」維持在更加平衡的狀態。

「自律神經」分布在脊椎兩旁,有「交感神經」和「副交感神經」。交感神經的功能猶如踩油門,能提高警覺心;副交感神經的功能猶如踩刹車,能讓人放鬆。若交感、副交感無法平衡作用,就會導致「自律神經」失調。

有意識且有深度的吸氣（入息）可刺激「交感神經」，此時心跳會加快以應付壓力；有意識且有深度的吐氣（出息）可刺激「副交感神經」，此時心跳會減緩使身心放鬆，容易產生覺察力。

「覺」是學習向內見心的過程，有意識的呼吸能幫助自心「見」到自身，於是身、心經由「氣」息產生了連結。練習「入息出息觀」能將散亂失連的身心合一，在面對「所觀境」時逐漸制心一處。

「五停心觀」之二：入息出息觀

《瑜伽師地論》：「云何阿那波那念所緣？謂緣入息、出息念，是名阿那波那念。此念所緣入出息等名阿那波那念所緣。當知此中，入息有二。何等為二？一者、入息；二者、中間入息。出息亦二。何等為二？一者、出息；二者、中間出息。入息者，謂出息無間，內門風轉乃至臍處。中間入息者，謂入息滅已，乃至出息未生，於其中間在停息處，暫時相似微細風起，是名中間入息。如入息、中間入息，出息、中間出息，當知亦爾。此中差別者，謂入息無間，外門風轉，始從臍處乃至面門，或至鼻端、或復出外。」

《瑜伽師地論》謂，何謂「入息出息觀」？是以「入息念、出息念」為緣，其中「念」是能緣之心、能持念不亂，「入息、出息」則是所緣之境，是吸氣、吐氣的無間斷過程。「入息」的所緣境有兩個過程：入息、入轉息，「出息」的所緣境也有兩個過程：出息、出轉息。

什麼是「入息」呢？當出息一結束，立刻毫無間隙地將鼻外之風從鼻端轉送回肚臍內，「入轉息」是當吸進肚臍的風一息滅、且尚未吐氣之前，在中間那個不出不入的停息處所生起之「暫時相似微細風」的轉化。

反之，什麼是「出息」呢？當入息一結束，立刻毫無間隙地將肚臍內的風轉送至面門、鼻端、然後至鼻外，「出轉息」是當吐至鼻外的風一息滅、且尚未吸氣之前，在中間那個不出不入的停息處所生起之「暫時相似微細風」的轉化。

入息、出息的行相

《瑜伽師地論》：「入息、出息有二種行。何等為二？一者、入息向下而行；二者、出息向上而行。入息、出息有二種地。何等為二？一、麤孔穴；二、細孔穴。云何麤孔穴？謂從臍處孔穴乃至面門、鼻門；復從面門、鼻門乃至臍處孔穴。云何細孔穴？謂於身中一切毛孔。入息、出息有四異名。何等為四？一名風，二名阿那波那，三名入息、出息，四名身行。風名一種，是風共名；餘之三種，是不共名。」

「入息、出息」的風行方向有兩種：入息之風向下行，出息之風向上行。又「入息、出息」之風發生在兩處地方：一是粗孔穴，二是細孔穴。「粗孔穴」是指從肚臍、面門到鼻端，再從面門、鼻端到肚臍之處；「細孔穴」是指全身的毛細孔（皮膚的呼吸）。

「入息、出息」有四種不同的名稱，分別為：風、阿那波那、入息出息、身行。「風」是共同的名字，「阿那、波那」分別為吸氣、吐氣的梵語，「入息出息」是粗孔穴的風息，「身行」是細孔穴的風行。

修「入息出息觀」時應注意之事項

《瑜伽師地論》：「修入出息者，有二過患。何等為二？一、太緩方便；二、太急方便。由太緩方便故，生起懈怠，或為惛沉睡眠纏擾其心，或令其心於外散亂。由太急方便故，或令其身生不平等，或令其心生不平等。云何令身生不平等？謂強用力持入出息，由入出息被執持故，便令

身中不平風轉。由此最初於諸支節皆生戰掉，名能戰掉。此戰掉風若增長時，能生疾病，由是因緣於諸支節生諸疾病，是名令身生不平等。云何令心生不平等？謂或令心生諸散亂，或爲極重憂惱逼切。是名令心生不平等。」

修「入息出息觀」時要注意兩件事：一是練習的態度過於散漫，二是練習的態度過於急躁。「過於散漫」是因爲懈怠而疏於練習，導致座中修時，心不是陷入昏沉被瞌睡所擾，就是心不斷昂揚被外境所擾。「過於急躁」是因爲貪快或求好心切，而引起身體或心理的不平衡。

身體不平衡是因爲呼吸太過刻意，執著於操控呼吸而導致體內的氣流不協調：一開始會引起四肢的抖動，若未能注意而讓邪氣持續增長，將造成肢體關節產生疾病，稱爲「令身生不平等」。

「過於急躁」也會引起心理的不平衡，引發的是心煩意亂。「入息出息觀」旨在對治散亂，心態過於急躁反而導致散亂，引起嚴重的情緒問題，例如憂愁不安、逼迫惱亂等，稱爲「令心生不平等」。

「入息出息觀」有五種修法

《瑜伽師地論》：「又此阿那波那念，應知略有五種修習。何等爲五？一、算數修習；二、悟入諸蘊修習；三、悟入緣起修習；四、悟入聖諦修習；五、十六勝行修習。」

《瑜伽師地論》謂，「入息出息觀」有五種修習方法：一、算數修習、二、悟入五蘊修習、三、悟入緣起修習、四、悟入四聖諦修習、五、十六勝行修習。（第一種方法偏重於修「止」，後面四種方法偏重於修「觀」）

一、算數修習

《瑜伽師地論》：「云何名爲算數修習？謂略有四種算數修習。何等爲四？一者、以一爲一算數；二者、以二爲一算數；三者、順算數：四者、逆算數。云何以一爲一算數？謂若入息入時，由緣入息出息住念，數以爲一。若入息滅出息生，出向外時，數爲第二。如是展轉數至其十，由此算數非略、非廣，故唯至十。是名以一爲一算數。云何以二爲一算數？謂若入息入而已滅，出息生而已出，爾時總合數以爲一，即由如是算數道理，數至其十，是名以二爲一算數。入息、出息說名爲二，總合二種，數之爲一，故名以二爲一算數。云何順算數？謂或由以一爲一算數，或由以二爲一算數，順次展轉數至其十，名順算數。云何逆算數？謂即由前二種算數，逆次展轉從第十數，次九、次八、次七、次六、次五、次四、次三、次二，次數其一，名逆算數。若時行者，或以一爲一算數爲依，或以二爲一算數爲依，於順算數及逆算數已串修習，於其中間，心無散亂。無散亂心、善算數已，復應爲說勝進算數。云何名爲勝進算數？謂或依以一爲一算數，或依以二爲一算數，合二爲一而算數之。若依以一爲一而算數者，即入息、出息，二合爲一。若依以二爲一而算數者，即入息、出息，四合爲一。如是展轉數乃至十。如是後後漸增乃至以百爲一而算數之。由此以百爲一算數，漸次數之乃至其十。如是勤修數息念者，乃至十十，數以爲一，漸次數之乃至滿十。由此以十爲一算數，於其中間，心無散亂，齊此名爲已串修習。又此勤修數息念者，若於中間其心散亂，復應退還，從初數起，或順、或逆。若時算數極串習故，其心自然乘任運道，安住入息、出息所緣，無斷無間相續而轉。先於入息有能取轉，入息滅已，於息空位有能取轉；次於出息有能取轉，出息滅已，於息空位有能取轉。如是展轉相續流注，無動無搖，無散亂行，有愛樂轉，齊此名爲過算數地，不應復數，唯於入息、出息所緣令心安住，於入出息應正隨行、應審了達，於入出息及二中間，若轉、若還分位差別，皆善覺了。如是名爲算數修習。」

《瑜伽師地論》謂，何謂「算數修習」？有四種算法：以一為一算數、以二為一算數、順算數、逆算數。

「以一為一算數」：入息時將鼻端之風下行至肚臍後，在尚未出息前計數一（入息）；接著出息時將肚臍之風上行至鼻端送出鼻外，在尚未入息前數二（出息）、三（入息）、四（出息）⋯⋯，輾轉數到十（出息），此後反覆計數。十不多也不少，故只數到十。

「以二為一算數」：入息時將風送至臍滅、接著出息時將風送至鼻外滅後，以「入息＋出息」合起來計數一、二、三⋯⋯，輾轉數到十，此後反覆計數。

「順算數」是用前述兩種方法順序計數，由一數至十，而後反覆計數。「逆算數」是用前兩種方法逆向計數，由十倒數至一，而後反覆計數。

勤加修習上述四種數息法，相續無間斷的練習，心無散亂的練習，直到各種算法都非常熟稔，就可以進一步學習更殊勝的數息法，稱為「勝進算數」。

「勝進算數」：初學者練習「入息＋出息」數一、「入息＋出息」數二⋯⋯數至十（以二為一算數），熟稔後則以「入息＋出息＋入息＋出息」數一、「入息＋出息＋入息＋出息」數二⋯⋯數至十（以四為一算數）；接著增加到「以六為一算數」、「以八為一算數」、「以十為一算數」；如是輾轉計數，至「以一百為一算數」、甚至「以一千為一算數」，都是數到十次而後重複計數。

數息期間應精進不懈、相續不輟、心無散亂，這種不間斷的計數修習稱為「已串修習」。精進數息的修行人可順算或逆算，若在過程中因散亂而錯數、忘數，都要從頭開始計算。

「過算數地」：若能相續修持「已串修習」到極致的程度，會進入自然任運的地步，此時不但能安住入息、出息所緣，還能無間無斷地「相續轉息」：即入息時有能取的轉息，入息結束後有短暫的息空位也有能取的轉息；接著出息時有能取的轉息，出息結束後有短暫的息空位也有能取的轉息。如此輾轉相續流注，無動無搖，無散亂行，會愛上轉息，稱為「過算數地」。

「隨息」：達至「過算數地」的境界時，就不用再計數了，此時心念只有「入息、出息」所緣，且心能安住並對每個入息、出息都能正確的隨順而行、能審慎的通達明了。此外，還能在每個「入息、出息、入轉息、出轉息」之間都能清楚的覺知到「息轉處、息還處」不同的細微差別。以上總總，稱為「算數修習」。

鈍根、利根之人皆可修「算數修習」

《瑜伽師地論》：「又鈍根者，應為宣說如是息念算數修習；彼由此故，於散亂處，令心安住、令心愛樂。若異算數入出息念，彼心應為惛沉、睡眠之所纏擾，或應彼心於外馳散；由正勤修數息念故，彼皆無有。若有利根，覺慧、聰俊，不好乘此算數加行；若為宣說算數加行，亦能速疾無倒了達，然不愛樂。彼復於此入出息緣，安住念已，若是處轉、若乃至轉、若如所轉、若時而轉，於此一切，由安住念，能正隨行，能正了達如是加行有如是相。於此加行，若修、若習、若多修習為因緣故，起身輕安及心輕安，證一境性，於其所緣，愛樂趣入。」

《瑜伽師地論》謂，鈍根之人應該為他們宣說「算數修習」的方法，可藉由「數息觀」令散亂的心逐漸安住、因安住而愛上數息。修習時若有錯數或忘數，是因為計數時陷入昏沉瞌睡、或心向外馳散攀緣所導致，只要正確的勤加練習，就不會再有前述問題。而覺慧聰俊的利根之人雖

不喜好「算數修習」，若對他們宣說此法，也能正確地快速了達，只是並不愛樂。

無論鈍根或利根之人，若能修習到心已安住於入息出息所緣，且在轉息時能做到「是處轉、乃至轉、如所轉、時而轉」的境界，即進入「加行位」階段，此時對一切轉息的行相皆能安住，並正確隨行、正確了達。若能更加積極的精進修習、勤奮不懈的修習，會生起「身輕安及心輕安」，證「心一境性」，此時對於入息、出息所緣，會更加趨向愛樂。

二、悟入五蘊修習

《瑜伽師地論》：「如是彼於算數息念，善修習已，復於所取、能取二事，作意思惟悟入諸蘊。云何悟入？謂於入息出息及息所依身，作意思惟悟入色蘊。於彼入息、出息，能取念相應領納，作意思惟悟入受蘊。即於彼念相應等了，作意思惟悟入想蘊。即於彼念，若念相應思及慧等，作意思惟悟入行蘊。若於彼念相應諸心、意、識，作意思惟悟入識蘊。如是行者，於諸蘊中乃至多住，名已悟入是名悟入諸蘊修習。」

《瑜伽師地論》謂，「算數修習」修到十分熟稔的境界後，分別對色蘊、受蘊、想蘊、行蘊、識蘊作意思惟「所取之息、能取之念」之真實義，則是「入息出息觀」的第二種法門「悟入諸蘊修習」。

要如何悟入五蘊呢？作意思惟：我的入息出息、及息「所依止」（所取）的色身有質礙性，而悟入**色蘊**。作意思惟：我的入息出息、及「能取」之念的感受有領納性，而悟入**受蘊**。作意思惟：我的入息出息、及「能取」之念的妄想有取像性，而悟入**想蘊**；「能取」之念的思心所、慧心所有造作性，而悟入**行蘊**；「能取」之念的第八識（心）、第七識（意）和前六識（識）有分別性，而悟入**識蘊**。

觀修者對（所取之）色蘊，（能取之）受蘊、想蘊、行蘊、識蘊不斷作意思惟、簡擇觀修，精進修習且能保持在住定的狀態，稱為「悟入諸蘊修習」。

三、悟入緣起修習

《瑜伽師地論》：「若時無倒能見，能知唯有諸蘊唯有諸行唯事唯法。彼於爾時，能於諸行悟入緣起。云何悟入？謂觀行者，如是尋求此入出息何依何緣？既尋求已，如實悟入此入出息，依身緣身、依心緣心。復更尋求此身此心何依何緣？既尋求已，如實悟入此身此心，依緣命根。復更尋求如是命根，何依何緣？既尋求已，如實悟入如是命根，依緣先行。復更尋求如是先行，何依何緣？既尋求已，如實悟入如是先行，依緣無明。如是了知無明依緣先行，先行依緣命根，命根依緣身心，身心依緣入息出息。又能了知無明滅故行滅，行滅故命根滅，命根滅故身心滅，身心滅故入出息滅。如是名為悟入緣起。彼於緣起悟入多住，名善修習。是名悟入緣起修習。」

《瑜伽師地論》謂，當觀修者對悟入五蘊有了正確無顛倒的知見後，便能了知一切法只有五蘊諸行的運作、只有心行業行、和唯識所現諸事諸相的流轉，此時可修習第三種方法「悟入緣起」。

要如何悟入緣起呢？觀修者尋思伺求：眾生的「入息出息」是依何緣而起？經過尋求後能如實悟入：此入息出息是依緣「身心」而起。再尋求此「身心」依何緣而起？經過尋求後能如實悟入：此身心是依緣於「命根」（生命的根本）而起。再尋求此命根依何緣而起？而後能如實悟入此命根是依緣於「先行」（累世的心行和引生之業行）而起。再尋求此先行依何緣而起？而後能如實悟入此先行是依緣於「無明」而起。

觀修者因此而如實了知「依無明爲緣而有先行，依先行爲緣而有命根，依命根爲緣而有身心，依身心爲緣而有入息出息」（此爲流轉）；還能如實了知「無明滅故心行滅，心行滅故命根滅，命根滅故身心滅，身心滅故入息出息滅」（此爲還滅，「滅」謂證寂滅之果）。如是名爲「悟入緣起」。

觀修者對於「緣起的流轉、還滅」若能不斷作意思惟、簡擇觀修，精進修習且能保持在住定的狀態，稱爲「悟入緣起修習」。

四、悟入四聖諦修習

《瑜伽師地論》：「如是彼於緣起悟入善修習已，復於諸行如實了知從眾緣生，悟入無常。謂悟入諸行是無常故，本無而有，有已散滅。若是本無而有，有已散滅，即是生法、老法、病法、死法。若是生法、老法、病法、死法，即是其苦。若是其苦，即是無我，不得自在，遠離宰主。如是名爲由無常、苦、空、無我行，悟入苦諦。又彼如是能正悟入諸所有行，眾緣生起其性是苦，如病、如癰一切皆以貪愛爲緣。又正悟入即此能生眾苦貪愛，若無餘斷，即是畢竟寂靜微妙。我若於此，如是了知、如是觀見、如是多住，當於貪愛能無餘斷，如是名能悟入集諦、滅諦、道諦。於此悟入能多住已，於諸諦中證得現觀。是名悟入聖諦修習。如是於聖諦中善修習已，於見道所斷一切煩惱皆悉永斷，唯餘修道所斷煩惱，爲斷彼故，復進修習十六勝行。」

《瑜伽師地論》謂，觀修者精進修習「悟入緣起」，若能如實了知一切法都是因爲無明而生起「諸行」（累世的心行及衍生相續流轉之業行），且一切法是依賴眾緣的聚合才能生起，毫無我自主的能力，由此悟入「諸行無常」。

「諸行無常」是一切法都是從無而有，就算有了，緣盡也就散滅而無，這種「從無而有、有又散滅」的無常相就是「生、老、病、死」四種法的相續輪迴，從果上來說是苦，故說「無常是苦」。從因上來說，一切法亦苦，因為「生、老、病、死」皆無「我」的主宰力，其中皆由不得我，也完全不得自在，所以說「諸行無常，故苦；一切法性空，因無我」，而悟入四聖諦中的「苦諦」。

觀修者若能由此正確悟入：「諸行」所生之一切法緣起性空，本質為苦，苦猶如疾病、猶如瘡癩，是因各種貪愛為「眾緣」（聚集條件）而導致此苦。若能下定決心完全斷除眾苦的原因（貪愛），就能證入寂靜微妙的境界。觀修者對此能有正確的了知、正確的觀見、並深植於定中，就能完全斷除貪愛，而悟入「集諦」（了悟苦的原因）、「滅諦」（了悟寂滅之果）、「道諦」（了悟證得寂滅的方法）。

觀修者由此悟入並能不斷精進修習、多住於深定，可於四聖諦的觀修中證得「現量」，入「見道位」，是為「悟入聖諦修習」。「見道」後的初地菩薩能永斷凡夫一切「知見」上的煩惱。然而菩薩向上登地還要在「修道位」繼續斷除「習氣」上的煩惱，為斷除這些習氣煩惱，菩薩還要修持第五種入息出息觀，稱為「十六勝行修習」。

五、菩薩的十六勝行修習

《瑜伽師地論》：「云何名為十六勝行？謂於念入息，我今能學念於入息；於念出息，我今能學念於出息，若長，若短。於覺了遍身入息，我今能學覺了遍身入息；於覺了遍身出息，我今能學覺了遍身出息。於息除身行入息，我今能學息除身行入息；於息除身行出息，我今能學息除身行出息。於覺了喜入息，我今能學覺了喜入息；於覺了喜出息，我今能學覺了喜出息。於覺了樂入息，我今能學覺了樂入息；於覺了樂出息，我今能學覺了樂出息。於覺了心行入息，我今能學覺了心行入息；於覺

了心行出息，我今能學覺了心行出息。於息除心行入息，我今能學息除心行入息；於息除心行出息，我今能學息除心行出息。於覺了心入息，我今能學覺了心入息；於覺了心出息，我今能學覺了心出息。於喜悅心入息，我今能學喜悅心入息；於喜悅心出息，我今能學喜悅心出息。於制持心入息，我今能學制持心入息；於制持心出息，我今能學制持心出息。於解脫心入息，我今能學解脫心入息；於解脫心出息，我今能學解脫心出息。於無常隨觀入息，我今能學無常隨觀入息；於無常隨觀出息，我今能學無常隨觀出息。於斷隨觀入息，我今能學斷隨觀入息；於斷隨觀出息，我今能學斷隨觀出息。於離欲隨觀入息，我今能學離欲隨觀入息；於離欲隨觀出息，我今能學離欲隨觀出息。於滅隨觀入息，我今能學滅隨觀入息；於滅隨觀出息，我今能學滅隨觀出息。」

「入息出息觀」能對治散亂煩惱

《瑜伽師地論》：「修習如是名為五種修習阿那波那念。多尋思行補特伽羅，應於是中，正勤修學，愛樂乘御。若於所緣有思遽務有散亂者，於內各別應當親近如是觀行。若於此中，勤修習者，尋思散動皆無所有，心於所緣速疾安住，深生愛樂。」

《瑜伽師地論》謂，以上五種「入息出息觀」可對治眾生心太過散亂、無法專注、尋思太多等煩惱，有這些問題的修行人應正確、精進的行持「入息出息觀」，直到猶如喜愛乘駕座車般的愛樂。

由於修行人面對外境、或觀修所緣境時，常有尋思過於急促、行事流連散亂的情形，這類人要多修習親近此「入息出息觀」。若於此中能不斷精進，尋思散動的情況將不會再有，面對所緣境相也能夠迅速安住，對此法會產生深深的愛樂。

1.35 或以流轉的「緣起觀」爲所緣境，末那識因被駕馭而安住。

विषयवती वा प्रवृत्तिरुत्पन्ना मनसः स्थितिनिबन्धिनी॥३५॥

viṣayavatī vā pravṛtti-rutpannā manasaḥ sthiti nibandhinī ‖35‖

因果相續不斷是謂「流轉」，「苦諦、集諦」是有爲法的世界，眾生所見是依他起性的「遍計所執相」，此相流轉出無量的煩惱令有情不斷在生死中輪迴。與「流轉」相對的是「還滅」，眾生藉由「道諦」返還至「滅諦」（不生不死的涅槃境界），證入無爲法的眞如世界，聖者所見是依他起性的「圓成實相」，是不住煩惱、不住生死的中道實相。

眾生的因果流轉有十二種依緣而起、不斷循環的過程（是弦狀的循環，而非一條直線的進行），這種因無明而起的輪迴，沒有開始也沒有結束，稱爲「無始無明」。「十二緣起」又稱爲十二因緣，和「五蘊、四聖諦」一樣，都是佛教的核心理論。

十二緣起

一切眾生依「**無明**」（無始以來顛倒不明眞理爲何）爲緣而衍生行，依「**行**」（相續不斷的心行和業行）爲緣而衍生識，依「**識**」（投胎識，或稱異熟識）爲緣而衍生名色，依「**名色**」（名是精神＝受想行識蘊，色指物質＝色蘊）爲緣而衍生六入，依「**六入**」（六根）爲緣而衍生觸。

依「**觸**」（六根觸合六境）爲緣而衍生受，依「**受**」（樂受、苦受）爲緣而衍生愛，依「**愛**」（貪愛、不貪愛）爲緣而衍生取，依「**取**」（貪取、不貪取）爲緣而衍生有，依「**有**」（死有、中有）爲緣而衍生生，

依「生」（生有、本有）爲緣而衍生老死，依「老死」（老病而死）爲緣而衍生無明（又因無明再度輪迴往生）……。

「五停心觀」之三：十二緣起觀

《瑜伽師地論》：「云何緣性緣起所緣？謂於三世唯行、唯法、唯事、唯因、唯果，墮正道理，謂觀待道理、作用道理、證成道理、法爾道理。唯有諸法能引諸法，無有作者及以受者，是名緣性緣起所緣。於此所緣作意思惟，癡行增上補特伽羅所有癡行皆得微薄；於諸癡行，心得清淨。是名緣性緣起所緣。複審思擇唯有諸業及異熟果，其中主宰都不可得。所謂作者及與受者，唯有於法假想建立，謂於無明緣行乃至生緣老死中，發起假相施設言論說爲作者及與受者、有如是名如是種、如是姓如是飲食、如是領受、若苦若樂、如是長壽、如是久住、如是極於壽量邊際。又於此中有二種果及二種因：二種果者，一自體果、二受用境界果；二種因者，一牽引因、二生起因。自體果者謂於今世諸異熟生六處等法；受用境界果者謂愛、非愛業增上所起六觸所生諸受。牽引因者謂於二果發起愚癡。愚癡爲先生，福、非福及不動行。行能攝受後有之識令生有芽，謂能攝受識種子故。令其展轉攝受後有名色種子、六處種子、觸受種子。爲令當來生支想所攝識名色六處觸受次第生故。今先攝受彼法種子。如是一切名牽引因。生起因者謂若領受諸無明觸所生受時，由境界愛生後有愛及能攝受愛品癡品所有諸取，由此勢力由此功能潤業種子，令其能與諸異熟果。如是一切名生起因。由此二因增上力故，便爲三苦之所隨逐，招集一切純大苦蘊，如是名依觀待道理。尋思緣起所有道理，複審思擇於是緣性緣起觀中善修善習善多修習能斷愚癡；又審思擇如是道理有至教量有內現證有比度法；亦有成立法性等義。如是名依作用道理、證成道理、法爾道理。」

《瑜伽師地論》云，何謂「緣起觀」？以「緣起」為所觀境，觀一切眾生的過去、現在、未來三世，只有不斷相續的心行和業行、只有業行衍生的一切法、和一切法所顯現之事相及因果。

觀修者可用「四個道理」（觀待道理、作用道理、證成道理、法爾道理）來作意思惟「緣起」，就會明白一切法只是彼此間（各種緣的條件）不斷在互相牽引的結果，此中都無主宰一切的「作者」和「受者」（並沒有所謂的「我」在緣起中扮演主宰的條件）。

觀修者再繼續審慮和簡擇：心行和業行流轉出每世的「異熟果」，即使此生得了果報，其中也毫無我的單一主宰力。所謂「作者、受者」只是「有為法」世界中「人為」建立的假想，例如，在「十二緣起」中假名安立「無明、心行……乃至老死」等。又所謂的作者、受者、名字、種姓、飲食、領受、苦樂、久住、長壽等等無量名相和稱謂，也都是「人為」的施設假立。

深觀「十二緣起」之兩重因果

「十二緣起」的流轉有兩種果、兩種因。先說兩種果，分別是「自體果、受用境界果」。「自體果」是今生因「無明、心行、異熟識、名色、六根」而有之自體（色身、心識）果報。「受用境界果」是六根觸合六境產生之苦樂受，造成貪愛（或不貪愛）、貪取（或不貪取）等業，而在今生產生了各種情緒感受的果報（應知只有各種感受的作用，並沒有「我的」感受作用）。

兩種因是「牽引因、生起因」。「牽引因」是因為以上二種果引發的愚癡而導致：先有愚癡（無明）、而後有心行，分別為「福行、非福行、不動行」（造福的心行、造禍的心行、修禪定而不動的心行），不同的心行能攝持執受每世「異熟識」的種子苞芽，八識種子能輾轉攝受名色

種子、六根種子、六觸種子、諸受種子，以上所攝受的諸法種子尚未潤熟，但是牽引來生次第現行的原因，故稱爲「牽引因」（屬於遠因，是已熏習成熟但尚未現行的種子）。

「生起因」是因爲領受到因「無明、行、識、名色、六根觸合六境」而在此生產生之各種感受，因對所緣外境產生貪愛的感受而引起愛想、癡心，進而想要占取，這樣的勢力和功能足以潤熟「業種子」而現行出此生的「異熟果」，稱爲「生起因」（屬於近因，是造成此生異熟果報的直接原因）。

繼續觀修「三種苦、四種道理」

由於「牽引因、生起因」互相不斷的增長而招致人生「三苦」，觀修者應尋思「三苦」蘊集的大苦是人生必經之苦，思惟有其因必有其果，是爲「觀待道理」。繼續對「緣起觀」審慮思惟簡擇，並於此中善修、善習、多修習，最終斷除了「我癡」煩惱，是爲「作用道理」。若還能依據**聖教量**，進行正確的**比量**，而後證得**現量**，是解脫見道之「證成道理」。親自見證到法爾如是，不論佛陀之出世與否，本來存在於法界之如如實相，是爲「法爾道理」。

「三苦」（壞苦、行苦、苦苦）的原因是無常，而無常是一切「緣起」法的本質，因爲一切法是依賴相關條件的聚合而有，相關條件的散失而滅，各種心行、業行都可以在瞬間產生變化，是不斷在變遷的無常過程，其中毫無我的主宰力。

「四種道理」是彌勒菩薩教導觀修者如何審慮思惟的方法，能長養智慧的簡擇。「觀待道理」之「觀待」是相對之意，例如以「觀待道理」分析「五蘊」組成的假我是苦、無常，有兩種觀待方法：生成、施設。「生成觀待」是觀析**有爲法**世界是因果相對生成而有、能所相對生成而有的

二元對立；「施設觀待」是觀析**有為法**的一切都是由施設的名相假名而成，而每個人對名相的內涵都有自己執著的解讀。

「作用道理」是觀析這個「五蘊」組成的有為法世界有各自的作用：色蘊是我「所見」的世界，有質礙的作用；我「能見」的世界是受蘊，有領納的作用、想蘊有取像的作用、行蘊有造作的作用、識蘊有分別的作用。觀修者應該「尋、伺」這些作用在**有為法**世界的運作內涵。

「證成道理」是觀修者當下從有為法證入無為法的境界，是精進修習聖教量和比量所證得之「現量」，也是初地菩薩證的「空、無我」（我空法空、人無我法無我）的境界。「法爾道理」則超越名言的尋伺，是**無為法**的性體，如如不動、本來如是。

修「緣起觀」能對治痴煩惱

「愚痴」煩惱特別重的修行人以「十二緣起」為所觀境，作意思惟上述四種道理，可使「愚痴」煩惱變得微薄，心得清淨。

1.36（因安住）而現出光明無憂。

विशोका वा ज्योतिष्मती ॥३६॥

viśokā vā jyotiṣmatī ॥36॥

因果流轉、生死輪迴起於顛倒「無明」，無明是對「我、我所」有痴迷，產生了妄想執著而起種種的煩惱。修習「緣起觀」能對治愚痴；而修習「界分別觀」可以對治「我慢」，能令深藏在第七識（末那識）的「我」受到駕馭，而令心安住，內心因安住而無憂，因無憂而現出光明。

「五停心觀」之四：界分別觀

「界」是指組成世界萬物的物質元素，「分別」是指物質元素的種類差別。「界分別觀」在觀修組成這個世界（我、我所）的六大基本元素「地界、水界、火界、風界、空界、識界」，分析的是空間上的組合（「緣起觀」分析的是時間上的相續），能對治「我慢」。

《瑜伽師地論》云：「云何地界？地界有二。一、內，二、外。內地界者，謂此身中內別堅性，堅鞕所攝、地地所攝，親附、執受。外地界者，謂外堅性，堅鞕所攝、地地所攝，非親附、非執受。又內地界其事云何？謂髮、毛、爪、齒，塵、垢、皮、肉，骸、骨、筋、脈，肝、膽、心、肺，脾、腎、肚、胃，大腸、小腸，生藏、熟藏，及糞穢等，名內地界。又外地界其事云何？謂瓦、木、塊、礫、樹、石、山、巖，如是等類，名外地界。云何水界？水界有二。一、內，二、外。內水界者，謂此身中內別濕性，濕潤所攝、水水所攝，親附、執受。其事云何？謂淚、汗、洟、唾、肪、膏、脂、髓、熱痰、膿、血、腦膜、尿等，名內水界。外

水界者，謂外濕性，濕潤所攝、水水所攝，非親附、非執受。其事云何？謂井、泉、池、沼、陂湖、河、海，如是等類名外水界。云何火界？火界有二。一、內，二、外。內火界者，謂此身中內別溫性，溫熱所攝、煖煖所攝，親附、執受。其事云何？謂於身中所有溫煖能令身熱、等熱、遍熱。由是因緣，所食、所飲、所噉、所嘗易正消變，彼增盛故，墮蒸熱數。如是等類名內火界。外火界者，謂外溫性，溫熱所攝、煖煖所攝，非親附、非執受。其事云何？謂於人間，依鑽燧等、牛糞末等，以求其火。火既生已，能燒牛糞，或草、或薪、或榛、或野、或山、或渚，或村、村分、或城、城分、或國、國分、或復所餘。如是等類，名外火界。云何風界？風界有二。一、內，二、外。內風界者，謂此身中內別風性，風飄所攝，輕性、動性，親附、執受。其事云何？謂內身中有上行風、有下行風、有脅臥風、有脊臥風、有腰間風、有臏間風、有小刀風、有大刀風，有針刺風、有畢缽羅風，有入出息風、有隨支節風。如是等類，名內風界。外風界者，謂外風性，風飄所攝，輕性、動性，非親附、非執受。其事云何？謂在身外有東來風、有西來風，有南來風、有北來風，有有塵風、有無塵風，有狹小風、有廣大風，有毘濕婆風、有吠藍婆風，有風輪風。有時大風，卒起積集，折樹、頹牆、崩山、蕩海，既飄鼓已，無所依憑，自然靜息。若諸有情欲求風者，動衣搖扇及多羅掌。如是等類，名外風界。云何空界？謂眼、耳、鼻、口、咽喉等所有孔穴。由此吞咽、於此吞咽，既吞咽已，由此孔穴，便下漏泄。如是等類，說名空界。云何識界？謂眼、耳、鼻、舌、身、意識。又心、意、識三種差別。是名識界。若諸慢行補特伽羅，於界差別作意思惟，便於身中離一合想，得不淨想，無復高舉，憍慢微薄，於諸慢行，心得清淨。是名慢行補特伽羅由界差別淨行所緣。」

六界

《瑜伽師地論》謂，「地界」是指「堅性」的組成，分爲內地界和外地界。「內地界」是身中髮毛、爪齒、塵垢、皮肉、骸骨、筋脈、肝膽、

心肺、脾腎、肚胃、大腸小腸、生藏、熟藏、糞穢等，有親附和執受性（附著的感受）。「外地界」有瓦木、塊礫、樹石、山巖等，沒有親附和執受性。

「水界」是指「濕性」的組成，也分為內水界和外水界。「內水界」是身中淚汗、涗唾、肪膏、脂髓、熱痰、膿血、腦膜、尿液等，有親附和執受性。「外水界」有井泉、池沼、陂湖、河海等，沒有親附和執受性。

「火界」是指「煖性」的組成，也分為內火界和外火界。「內火界」是身中所有溫煖，能令身熱、等熱、遍熱，這些熱能可消化變易所食飯、所飲水、所噉菜、所嘗味，而再產生熱能，有親附和執受性。「外火界」為外溫性，溫熱所攝、煖煖所攝，非親附、非執受（外界氣溫的自然火性）；又外界火種須依靠人為的鑽燧、或以牛糞末為燃種，火既生已，能燒薪草、燒山林，甚至燒毀城國（外界所引人為之火）。

「風界」是指「動性」的組成，也分為內風界和外風界。「內風界」是身內有不同行進的風、有不同部位的風、有和疾病相關的風、有入息出息的風等等，有親附和執受。「外風界」是來自四方的風，有乾淨或污染的風、有颱風旋風等強度不同的風，沒有親附和執受。自然界的大風會造成崩山倒海，席捲過後又自然靜息；人為的風是依靠有情眾生藉由動衣搖扇而起之風。

「空界」指身上所有的孔穴，包括眼孔穴、耳孔穴、鼻孔穴、口孔穴、咽喉孔穴等。身中種種孔穴稱為空界，有吞嚥的功能、也有便下漏泄的功能。

「識界」包括眼識、耳識，鼻識，舌識，身識，意識。有「心、意、識」三種差別。「心」指第八識能含藏一切種子，「意」指第七識相續思量我，「識」指前六識，能了別一切境。

修「界分別觀」能對治我慢煩惱

傲慢心特別嚴重的修行人，觀修「界差別觀」要作意思惟：這個色身不過是由「地、水、火、風、空、識」這六種元素組成，並沒有自生、自主的我可得，而於身中遠離我見的妄想。

不斷觀析「六界」中並沒有「我、我所」可得，只有皮肉、骸骨、大小腸、痰膿、血尿、糞便等這些不淨穢物，有何值得高慢之處？而令各種慢心煩惱逐漸薄弱、令心得到清淨，這就是「界差別觀」。

1.37 或令心無貪的所緣境。

वीतरागविषयं वा चित्तम्॥३७॥

vītarāga viṣayam vā cittam ‖37‖

最後要對治「我貪」煩惱。「貪」是貪婪、貪愛、貪求、貪慾，為六根本煩惱之首，也是最普遍、最深沉的煩惱。「貪煩惱」潛藏在五識、第六識、也深藏在第七識，修持「不淨觀」可以對治貪煩惱，特別是對「財色名食睡」的貪愛。

修「不淨觀」時有六種所緣境可觀析：一、朽穢不淨。二、苦惱不淨。三、下劣不淨。四、觀待不淨。五、煩惱不淨。六、速壞不淨。

「五停心觀」之五：不淨觀

《瑜伽師地論》：「云何名為朽穢不淨？謂此不淨，略依二種：一者依內、二者依外。云何依內朽穢不淨？謂內身中。髮、毛、爪、齒；塵、垢、皮、肉；骸骨、筋、脈；心、膽、肝、肺；大腸、小腸；生藏、熟藏；肚、胃、髀、腎；膿、血、熱痰；肪、膏、肌髓；腦膜、洟、唾；淚、汗、屎、尿。如是等類，名為依內朽穢不淨。云何依外朽穢不淨？謂或青瘀、或復膿爛、或復變壞、或復膨脹、或復食噉、或復變赤、或復散壞、或骨、或鎖、或復骨鎖、或屎所作、或尿所作、或唾所作、或洟所作、或血所塗、或膿所塗、或便穢處。如是等類，名為依外朽穢不淨。如是依內朽穢不淨，及依外朽穢不淨，總說為一朽穢不淨。云何名為苦惱不淨？謂順苦受觸為緣所生，若身、若心不平等受，受所攝。如是名為苦惱不淨。云何名為下劣不淨？謂最下劣事、最下劣界，所謂欲界，

除此更無極下、極劣、最極鄙穢餘界可得。如是名爲下劣不淨。云何名爲觀待不淨？謂如有一，劣清淨事，觀待其餘勝清淨事，便似不淨。如待無色勝清淨事，色界諸法便似不淨。待薩迦耶寂滅涅槃，乃至有頂皆似不淨。如是等類一切名爲觀待不淨。云何名爲煩惱不淨？謂三界中所有一切結、縛、隨眠、隨煩惱、纏，一切名爲煩惱不淨。云何名爲速壞不淨？謂五取蘊無常、無恆、不可保信、變壞法性。如是名爲速壞不淨。如是不淨，是能清淨貪行所緣。貪有五種，一、於內身欲欲、欲貪；二、於外身婬欲、婬貪；三、境欲境貪；四、色欲色貪；五、薩迦耶欲、薩迦耶貪。是名五貪。爲欲令此五種欲貪，斷滅、除遣、不現行故，建立六種不淨所緣。」

一、觀「朽穢不淨」

《瑜伽師地論》云，何謂「朽穢不淨」？此不淨有兩種：內不淨、外不淨。「內不淨」指髮毛、爪齒、塵垢、皮肉，骸骨、筋脈、心肺、肝膽、大小腸，生藏（尚未消化完的食物）、熟藏（已消化完的食物），肚胃、髀腎，膿血、熱痰、肪膏、肌髓、腦膜、洟唾（鼻涕和唾液）、淚汗、屎尿。

「外不淨」是指死亡後，身體變成青瘀色、或變膿變爛、或變腐壞、或變腫脹、或被啃食、或變赤色、或骨肉分離、或大塊骨頭、或相連骨鎖、或屎尿所作、或唾洟所作、或膿所塗、或便穢處。觀察分析此內身、外身皆不淨，是爲觀「朽穢不淨」。

二、觀「苦惱不淨」

何謂「苦惱不淨」？苦惱是六根隨觸六境爲緣而產生的各種身、心感受，五識身有痛苦受，意識心有憂惱受。觀察分析此身此心產生的種種不平衡感受，稱爲觀「苦惱不淨」。

三、觀「下劣不淨」

何謂「下劣不淨」？三界中的「欲界」為五趣雜居地，所有最下流、最低劣的事情都發生在下層欲界，除欲界外不會有更低俗、更卑鄙、更醜齷的事情，觀察分析種種卑劣，稱為觀「下劣不淨」。

四、觀「觀待不淨」

何謂「觀待不淨」？觀待是指相對看待不淨這件事，例如，某事看似清淨，但是和其它更殊勝的清淨事比較，這件事便看似不淨。例如和「無色界」的諸法相較，「色界」的諸法便似不淨；若和已滅除我見、證入涅槃的聖者相較，則三界一切最清淨的眾生皆似不淨，是為觀「觀待不淨」。

五、觀「煩惱不淨」

何謂「煩惱不淨」？欲界、色界、無色界的眾生都是未解脫的眾生，都有各種煩惱。煩惱也稱為「結」，強調不停在結集的狀態；煩惱也稱為「纏、縛」，強調不斷被糾纏、繫縛的狀態；煩惱也稱為「隨眠」，強調煩惱種子還在沉睡、只是尚未現行的狀態。「隨煩惱」是依隨六根本煩惱而衍生的各種大、中、小煩惱。觀察分析這些煩惱的種種異名，稱為觀「煩惱不淨」。

六、觀「速壞不淨」

何謂「速壞不淨」？五蘊和合之假我有四種速壞的特性：無常、無恆、不可保信、變壞法性。「無常、無恆」是指五蘊身心剎那間不斷在變異、變壞，只有短暫無恆的存在；「不可保信」是指有人活四十年、有人活八十年，不知壽限為何；「變壞法性」是說這個假我的體性一定是趨向變壞的。觀察分析五蘊假我速壞的特性，稱為觀「速壞不淨」。

修「不淨觀」能對治凡夫的五種貪愛

以這六種「不淨觀」爲所緣可對治修行人的「五種貪行」：一、「於內身欲欲、欲貪」：對治喜愛吃好、用好的貪慾；二、「於外身婬欲、婬貪」：對治喜愛男女之事的貪慾；三、「境欲、境貪」：對治喜愛攀緣六境的貪慾；四、「色欲、色貪」：對治喜愛色界禪樂的貪慾；五、「薩迦耶欲、薩迦耶貪」：對治總是以我爲主、以我爲是的貪慾。

修習這六種「不淨觀」可以清淨眾生的貪慾、貪愛，使上述五種貪行完全斷除，或現行時能立即除遣，或能以定力伏住令不現行。

1.38 或以深睡的智夢爲緣。

स्वप्ननिद्राज्ञानालम्बनं वा॥३८॥

svapna-nidrā jñāna-ālambanam vā ॥38॥

觀修的層次有兩種，一是初修者的觀析，在清醒時用第六識的思心所、慧心所作粗尋或細伺；第二種是有成就的大修行者能在禪定或夢中以伺察作觀，當第六識修到「無貪」的境界時，夢境才變得有意義，此時可在夢中練習用妙觀察智作觀。

夢的來源

《大毗婆娑論》謂，夢的來源有五種：一、「由諸病」：身體因地、水、火、風四大不調、引發肉體上的痛苦而導致之夢境。二、「由分別」：因第六識強烈的思考、冀求或疑慮等執著分別而導致相關的夢境，即日有所思、夜有所夢。三、「曾更念」：由宿世或過去記憶顯現之夢境。四、「當有」：預告將有之吉凶或報應之夢境。五、「他引」：由他力所引起之夢境，如天人、仙神、聖賢等透過夢境予夢者之指引或教訓。

一切凡夫、甚至證道聖者皆有夢境，只有諸佛如來因爲諸漏已盡，八識只有清淨無漏的種子，才能遠離一切顛倒夢想，故只有睡眠而無夢境，此時睡眠無異於覺醒。

獨影境

作夢時的**夢境**屬於「獨影境」，只有第六識和相應的心所在活動，稱為「夢中意識」。獨影境的種類除「夢境」外，還有「定境」和「狂境」。定境是「定中意識」及相應的念、定、慧心所在活動（修止觀），是禪定的境界。狂境是「獨散意識」及相應的煩惱心所在活動（發狂想），是失心的狀態；

夢未醒是識，夢已覺是智

《莊子》〈齊物論〉：「昔者莊周夢為胡蝶，栩栩然胡蝶也。自喻適志與！不知周也。俄然覺，則蘧蘧然周也。不知周之夢為胡蝶與？胡蝶之夢為周與？」

從前莊子夢見自己變成蝴蝶，栩栩般自在地飛舞，十分開心適意！不知道還有莊子的存在。忽然間醒過來，卻發現自己只是躺著不動的莊子。便在想，剛剛是莊子夢見自己變成蝴蝶？還是蝴蝶夢見自己變成莊子？

《莊子》〈齊物論〉：「夢飲酒者，旦而哭泣；夢哭泣者，旦而田獵。方其夢也，不知其夢也。夢之中又占其夢焉，覺而後知其夢也；且有大覺而後知此其大夢也，而愚者自以為覺，竊竊然知之。君乎？牧乎？固哉！丘也與汝，皆夢也；予謂汝夢，亦夢也。是其言也，其名為弔詭，萬世之後而一遇大聖，知其解者，是旦暮遇之也。」

莊子說，晚上夢見自己在飲酒作樂，早上起來卻在悲傷哭泣；晚上夢見自己悲傷哭泣，早上起來卻在打獵作樂。人在夢中，不知道自己在作夢，而且在夢中還有夢中夢。除非能夠覺醒，才知道這是一場夢，而且作大夢始有大覺醒。但愚昧的人卻以為自己很清醒，好像什麼都知道。

究竟是我在主宰自己？還是我一直在被主宰？原來是**頑固的執著**！孔子

曾對學生說「我和你們皆在夢中，我現在和你們說人生是夢，也是在夢中。」這樣的言論十分弔詭難解，但萬世之後會遇到一位大聖人，對此有解答，若遇到也是旦暮之間就遇到。

六境猶如夢境

《華嚴經》云：「譬如夢中見，種種諸異相，世間亦如是，與夢無差別。住於夢定者，了世皆如夢，非同非是異，非一非種種；眾生諸刹業，雜染及清淨，如是悉了知，與夢皆平等。菩薩所行行，及以諸大願，明了皆如夢，與世亦無別；了世皆空寂，不壞於世法。譬如夢所見，長短等諸色，是名如夢忍，因此了世法，疾成無礙智，廣度諸群生。」又云：「了達諸世間，假名無有實，眾生及世界，如夢如光影，於諸世間法，不生分別見，善離分別者，亦不見分別。」

《華嚴經》云，夢中所見之**夢境**，和醒後所見之**六境**其實並無差別，二者之現象雖然不同，但性質卻是相同。在夢中能修得禪定或入定的修行人，必是成就的聖者，且明瞭一切世間法猶如夢幻，世間的六境和夢中的夢境，不是相同的性質、但也不是相異的性質，譬如眾生在人世間所顯現的業報有染、有淨，就如同在夢境當中也有惡夢、美夢，由此來看，六境和夢境平等無異。

菩薩因為能明了**夢境和六境**無異，所以也明了祂的修行和所發的大願是在藉假修真：即菩薩能了悟一切世間法空寂無實體，但卻絲毫不減損祂在世間所作的修行和大願。菩薩若在夢中對夢的色法本質有殊勝的理解，即能對世間法的一切也有同樣殊勝的體悟，由此迅速證得無礙智，同時廣度一切有情眾生。

《華嚴經》又云，修行人若能了達世間一切有為法，都假名無實，所見眾生及所見之世界猶如夢中境、光之影，就能對世間法的一切不起虛妄

的分別，因為明瞭一切法都是自心投射的「遍計所執相」，唯識所現，與夢無別，因而不起執著分別。

一切有為法如夢幻泡影

《金剛經》云：「凡所有相皆是虛妄，若見諸相非相，即見如來！」「離一切諸相，則名諸佛。佛告須菩提，如是如是，若復有人得聞是經，不驚不怖不畏，當知是人甚為希有。何以故？須菩提！如來說第一波羅蜜，即非第一波羅蜜，是名第一波羅蜜。」經末云：「一切有為法，如夢幻泡影，如露亦如電，應作如是觀。」

《金剛經》中，世尊對「解空第一」的弟子須菩提說：「你見到的一切境相都是虛妄的，若能見到一切境相原來只是幻相（遍計所執相）並非實相（圓成實相），就能得見本俱的如來自性（佛性）！」須菩提聽後大悟，並對佛陀說，原來「離一切諸相，則名諸佛！」世尊說，沒錯沒錯！若有人得聞此經所說法卻不感到驚嚇、不感到恐怖、不感到害怕，當知此人甚為希有！

世尊又云，因此當我說「般若波羅蜜是第一波羅蜜」時，若眾生對此名相還起名言的執著，就不能了悟「般若波羅蜜是第一波羅蜜」的真實義；除非眾生能捨離對名言的執著，才能了悟「般若波羅蜜是第一波羅蜜」的真實義。

《金剛經》不斷在教我們如何「破相」：破我執相（**能**執著的名言習氣）、破法執相（**所**執著的名相施設）、破唯識所現之妄相（破遍計所執相、甚至圓成實相）。故世尊最後在經末以四句偈做總結：一切有為法猶如夢境、猶如幻境、猶如短暫的泡沫、猶如虛幻的光影，猶如晨間的朝露、猶如瞬間的閃電，你們應當對此有所覺悟並建立起這樣的思想觀念！

1.39 選擇適性的觀法修得「禪那」。

यथाभिमतध्यानाद्व ॥३९॥

yathā-abhimata-dhyānād-vā ॥39॥

佛陀十大弟子之一的**目犍連**被譽為「神通第一」，他門下有兩位弟子但久無證悟。「智慧第一」的**舍利弗**便問目犍連，兩位弟子修何法門？目犍連說，一位曾是打鐵匠，教修「不淨觀」；一位曾是洗衣者，教修「入息出息觀」。

舍利弗說，他們之所以沒有證悟，是因為所修之法門未能契合秉性。以鐵匠為業的弟子應修「入息出息觀」，因為打鐵拉風箱時所排出之氣有固定節奏，如同呼吸；而洗衣為業的弟子曾接觸髒穢之物，修「不淨觀」較易有領悟。目犍連於是改變教法，兩位弟子依教奉行，不久便證得阿羅漢果。

如前述，大乘唯識學派之修行有五階位：一、資糧位，二、加行位，三、見道位，四、修習位，五、究竟位。「資糧位」的修行法門就是前述五停心觀，修行人可特別針對自己的煩惱、或自己的秉性作選擇，然而五種方法都是必修，只可以偏重，不能偏廢。

修入色界禪那的「七作意」

若能於座中精進修行，將從「欲界」散心修入「色界」禪定。禪定就是「禪那」，是「止觀雙運」有成的境界。《瑜伽師地論》對於如何離開「欲界」散心、進入「色界」正定的觀修方法有非常詳細的說明，稱為「七

作意」：了相作意、勝解作意、遠離作意、攝樂作意、觀察作意、加行究竟作意、加行究竟果作意。

《瑜伽師地論》：「為離欲界，欲勤修觀行，諸瑜伽師由七作意方能獲得離欲界欲。何等名為七種作意？謂了相作意、勝解作意、遠離作意、攝樂作意、觀察作意、加行究竟作意、加行究竟果作意。云何名為了相作意？謂若作意能正覺了欲界粗相、初靜慮靜相。云何覺了欲界粗相？謂正尋思欲界六事，何等為六？一義、二事、三相、四品、五時、六理。云何尋思諸欲粗『義』？謂正尋思如是諸欲有多過患、有多損惱、有多疫癘、有多災害，於諸欲中多過患義，廣說乃至多災害義，是名粗義。云何尋思諸欲粗『事』？謂正尋思於諸欲中有內貪欲，於諸欲中有外貪欲。云何尋思諸欲『自相』？謂正尋思此為煩惱欲此為事欲；此復三種：謂順樂受處、順苦受處、順不苦不樂受處。順樂受處是貪欲依處、是想心倒依處，順苦受處是瞋恚依處、是忿恨依處。順不苦不樂受處是愚癡依處、是覆惱誑諂無慚無愧依處、是見倒依處，即正尋思如是諸欲極惡諸受之所隨逐、極惡煩惱之所隨逐，是名尋思諸欲自相。云何尋思諸欲『共相』？謂正尋思此一切欲生苦、老苦、廣說乃至求不得苦等、所隨逐等所隨縛，諸受欲者於圓滿欲驅迫而轉亦未解脫生等法故，雖彼諸欲勝妙圓滿而暫時有，是名尋思諸欲共相。云何尋思諸欲麤『品』？謂正尋思如是諸欲皆墮黑品，猶如骨鎖、如凝血肉、如草炬火、如一分炭火、如大毒蛇、如夢所見、如假借得諸莊嚴具、如樹端果。追求諸欲諸有情類，於諸欲中受追求所作苦、受防護所作苦、受親愛失壞所作苦、受無厭足所作苦、受不自在所作苦、受惡行所作苦，如是一切如前應知。如世尊說習近諸欲有五過患：謂彼諸欲極少滋味、多諸苦惱、多諸過患；又彼諸欲於習近時能令無厭、能令無足、能令無滿；又彼諸欲常為諸佛及佛弟子、賢善正行正至善士以無量門呵責毀呰；又彼諸欲於習近時能令諸結積集增長；又彼諸欲於習近時、我說無有惡不善業而不作者。如是諸欲令無厭足多所共有，是非法行、惡行之因，增長欲愛、智者所離，

速趣消滅、依托眾緣，是諸放逸危亡之地、無常虛偽妄失之法，猶如幻化誑惑愚夫，若現法欲、若後法欲、若天上欲、若人中欲，一切皆是魔之所行、魔之所住，於是處所能生無量依意所起惡不善法，所謂貪瞋及憤諍等，於聖弟子正修學時能為障礙。由如是等差別因緣、如是諸欲多分墮在黑品所攝，是名尋思諸欲麤品。云何尋思諸欲粗『時』？謂正尋思如是諸欲去來今世，於常常時、於恆恆時，多諸過患、多諸損惱、多諸疫癘、多諸災害，是名尋思諸欲粗時。云何尋思諸欲粗『理』？謂正尋思如是諸欲由大資糧、由大追求、由大劬勞及由種種無量差別工巧業處，方能招集生起增長。又彼諸欲雖善生起、雖善增長，一切多為外攝受事，謂父母、妻子、奴婢作使、親友眷屬，或為對治自內有色粗重四大糜飯長養、常須覆蔽、沐浴按摩，壞斷離散、消滅法身，隨所生起種種苦惱。食能對治諸飢渴苦、衣能對治諸寒熱苦及能覆蔽可慚羞處、臥具能治諸勞睡苦及能對治經行住苦、病緣醫藥能治病苦，是故諸欲唯能對治隨所生起種種苦惱，不應染著而受用之，唯應正念。譬如重病所逼切人，為除病故服雜穢藥，又彼諸欲有至教量證有粗相，又彼諸欲如是如是所有粗相，我亦於內現智見轉。又彼諸欲有比度量知有粗相，又彼諸欲從無始來本性粗穢成就。法性難思，法性不應思議、不應分別，是名尋思諸欲粗理。如是名為由六種事覺了欲界諸欲粗相，複能覺了『初靜慮』中所有靜相，謂欲界中一切粗性於初靜慮皆無所有，由離欲界諸粗性故，初靜慮中說有靜性，是名覺了初靜慮中所有靜相。即由如是定地作意，於欲界中了為粗相、於初靜慮了為靜相，是故名為了相作意。」

「即此作意當言猶為聞、思間雜。彼既如是如理尋思，了知諸慾是其粗相，知初靜慮是其靜相，從此已後超過聞思，唯用修行於所緣相發起勝解，修奢摩他、毗鉢捨那。既修習已，如所尋思粗相、靜相數起勝解，如是名為勝解作意。即此勝解善修善習、善多修習為因緣故，最初生起斷煩惱道，即所生起斷煩惱道俱行作意，此中說名遠離作意。由能最初斷於慾界先所應斷諸煩惱故、及能除遣彼煩惱品粗重性故，從是以後愛

樂於斷愛樂遠離，於諸斷中見勝功德，觸證少分遠離喜樂，於時時間欣樂作意而深慶悅、於時時間厭離作意而深厭患，為慾除遣惛沉睡眠掉舉等故，如是名為攝樂作意。彼由如是樂斷樂修、正修加行、善品任持，欲界所繫諸煩惱纏若行、若住、不復現行，便作是念：我今為有於諸慾中貪慾煩惱不覺知耶？為無有耶？為審觀察如是事故，隨於一種可愛淨相作意思惟猶未永斷諸隨眠，故思惟如是淨妙相時便復發起隨習近心、趣習近心、臨習近心，不能住捨、不能厭毀、制伏違逆，彼作是念：我於諸慾猶未解脫其心、猶未正得解脫，我心仍為諸行制伏，如水被持、未為法性之所制伏，我今復應為慾永斷餘隨眠故，正勤安住、樂斷樂修，如是名為觀察作意。從此倍更樂斷樂修、修奢摩他毗鉢捨那，鄭重觀察修習對治，時時觀察先所已斷。由是因緣從慾界繫一切煩惱心得離繫，此由暫時伏斷方便非是畢竟永害種子。當於爾時『初靜慮地』前加行道已得，究竟一切煩惱對治作意已得生起，是名加行究竟作意。從此無間由是因緣證入根本『初靜慮定』，即此根本初靜慮定俱行作意名『加行究竟果作意』。又於遠離『攝樂作意』現在轉時能適悅身離生喜樂於時時間微薄現前。『加行究竟作意』轉時即彼喜樂轉復增廣、於時時間深重現前。『加行究竟果作意』轉時離生喜樂遍諸身分、無不充滿、無有間隙。彼於爾時遠離諸慾、遠離一切惡不善法。有尋有伺離生喜樂於『初靜慮』圓滿五支具足安住，名『住慾界對治修果』，名隨證得離慾界慾。」

「『了相作意』於所應斷能正了知、於所應得能正了知，為斷應斷、為得應得，心生希願。『勝解作意』為斷、為得，正發加行。『遠離作意』能捨所有上品煩惱。『攝樂作意』能捨所有中品煩惱。『觀察作意』能於所得離增上慢、安住其心。『加行究竟作意』能捨所有下品煩惱。『加行究竟果作意』能正領受彼諸作意善修習果。……『初靜慮定』有七種作意，如是第二、第三、第四靜慮定及空無邊處、識無邊處、無所有處、非想非非想處定，當知各有七種作意。云何應知『離慾者相』？謂離慾者，身業安住、諸根無動。威儀進止無有躁擾，於一威儀能經時久、不

多驚懼，終不數數易脫威儀。言詞柔軟、言詞寂靜、不樂諠雜、不樂眾集、言語安詳。眼見色已、唯覺了色，不因覺了而起色貪。如是耳聞聲已、鼻嗅香已、舌嘗味已、身覺觸已，唯覺了聲乃至其觸、不因覺了而起聲貪乃至觸貪。能無所畏，覺慧幽深、輕安廣大、身心隱密、無有貪婪、無有憤發，能有堪忍、不為種種慾尋思等諸惡尋思擾亂其心，如是等類當知名為離慾者相。」

一、了相作意（用六種方法觀析慾望）

「了相作意」有六種尋思方法，稱為「六事」，能幫助觀行者正確的覺悟明了什麼是「欲界」慾望的粗相，一旦捨離欲界粗相的同時，即修得「色界」初禪的靜相。六種尋思方法是：義、事、相、品、時、理。

（一）義：如何粗略尋思慾望的涵「義」？觀修者能正確尋求思惟：粗重的慾望其實有很多的壞處，會導致損害和惱怒、導致瘟疫和災難，細數有種種過患、禍害，稱為「粗義」。

（二）事：如何粗略尋思慾望會引發的「事」情？觀修者能正確尋求思惟：慾望只會令六根不斷增加內心貪愛、令六根不斷攀緣六種外境，追求好色、好聲、好香、好味、好觸、好意，形成貪慾的言行。

（三）相（自相、共相）：如何尋思慾望的「自相」？觀修者能正確尋求並思惟：內心對外境產生的慾望有三種自相或本質：一貪慾之樂是思想顛倒，二貪慾之苦是瞋怒忿恨，三貪慾之不苦不樂是愚癡、覆惱、誑諂、無慚、無愧、見解顛倒。正確尋思慾望的自相本質必伴隨上述惡劣的感受、惡劣的煩惱，稱為「尋思慾望的自相」。

如何尋思慾望的「共相」？觀行者能正確尋求思惟：慾望的下場只有八苦，即生老病死苦、乃至求不得苦。只要不停追逐慾望就會不停被慾望

纏縛控制。不斷追求慾望的人只能獲得短暫的滿足感，即使慾望獲得圓滿的結果也不得解脫，因為滿足了慾望看似勝妙圓滿，也只是暫時而有，無法恆常，稱為「尋思慾望的共相」。

（四）品：如何粗略尋思慾望的「惡業」？觀行者能正確尋求並思惟：慾望引發之惡業猶如屍骨鎖、如凝血肉、如草炬火、如一分炭火、如大毒蛇、如夢所見、如假借之莊嚴具、如樹端的美果。不斷追求慾望的有情眾生只會受到追求之苦，追求到手之後又受到保護不失之苦、受到親愛之人離去病壞之苦、受到不會滿足之苦、受到不自在之苦、受到因慾望所做惡行之苦。

世尊告誡我們：不斷追求慾望有五種過患隱憂：一、慾望帶來的美味極為短暫，更多的是苦惱憂患；二、追求慾望會造成慾望無上限；三、追求慾望會遭諸佛、佛弟子、賢善之士之呵責；四、追求慾望會增加其他的煩惱：五、追求慾望會引發造作惡業。

慾望是所有惡行之因。貪著慾望是智者所要遠離之事，智者明白慾望得到的滿足感會迅速消滅，但是慾望不斷被滿足卻會累積惡緣，最終造成行為放逸，導致危亡。各種慾望猶如幻化的魔術，會誑惑愚夫，不論何種慾望皆是魔之所行、魔之所住，能起惡行、生貪心、生瞋恚、生爭論，嚴重障礙聖弟子的修學。以上稱為「尋思慾望的粗品」

（五）時：何謂粗略尋思慾望的「時機」？觀行者能正確尋求思惟：各種慾望的誘惑在今世來來去去，故要常常提醒自己、要恆恆提醒自己，要多多提醒自己：尋思慾望的各種過患隱憂，即慾望會引發內心各種損害惱怒、外在各種疫情災害，稱為「尋思慾望粗時」。

（六）理：何謂粗略尋思慾望的「道理」？觀行者能正確尋求思惟：各種慾望的滿足需要大資糧、大追求、大勞累，還要有種種不同的資具、

技能等，才能滿足慾望所需的各種條件。即使所追求的慾望看似善法、是好事，也都是物質上的滿足，例如有奴婢作使、有好食長養色身、有好衣覆飾色身等，其實會伴隨其他想不到的苦惱。

因為飲食雖能對治飢渴苦、衣物雖能對治寒熱苦及覆蔽慚羞苦、床鋪臥具雖能對治勞睡苦及經行苦、生病所需之醫藥雖能對治病苦，但要去思維：這些食衣住行的滿足應該是解決日常生活中伴隨而起的苦惱，而不應該去貪愛染著、甚至恣意享受。若對此有所貪染，可用「正念」對治。

例如，某人被重病所逼惱，為求除病而去服用各種雜亂不淨的偏方藥物，此時應生起「正念」以解決為求病除而引發的慾望，即以聖賢所教導的「聖教量」證明慾望粗相的過患，能從內心現起智慧的轉念；又以「比度量」邏輯推論種種慾望的本性從無始以來就是粗穢不堪，稱為「尋思慾望粗理」。

綜上，「了相作意」是藉由「六事」的方法尋思，進而覺了「**欲界各種慾望的粗相**」，於此即同時覺了「**色界初禪所有的靜相**」，因為欲界中一切粗性在色界初禪皆無所有，藉由捨離欲界的粗性而說修入初禪的靜性，是為「覺了初禪中所有靜相」。觀行者在修習的過程中以上述六種方法作意，即能了達「欲界粗相、初禪靜相」，以上稱為「了相作意」。

二、勝解作意（此時入座觀修能對「慾望」有更殊勝的理解）

前述「了相作意」屬於「聞慧、思慧」相間雜的階段，能夠如理正確的尋思並了知「慾望粗相、初禪靜相」。而「勝解作意」則是超越了「聞慧、思慧」的層次，能正式入座的「修慧」階段，不但能止、觀雙修，且能對所緣境（粗相、靜相）生起更殊勝更有力量的理解。經由不斷的入座尋思，數數生起勝解，稱為「勝解作意」。

三、遠離作意（不但有勝解、也有斷離慾望的言行）

經由「勝解作意」的善修善習、善多修習為因緣故，觀行者開始生起「斷煩惱道」，即不再只是作意、也有斷除慾望煩惱的言行，稱為「遠離作意」。

四、攝樂作意（因斷離慾望的言行而感到歡樂）

由於不斷力行遠離慾界各種煩惱，而後陸續除遣了煩惱帶來的粗重性，從此以後對「遠離作意」便產生愛樂，並在斷離慾望的過程中見證到自身生起的殊勝功德。因為生起少分的觸證而感到喜樂，於是更加的精進修習，且時時感受到欣樂和慶悅，因而時時生起厭離慾望的作意，而更想脫離慾望帶來的禍患。如此良性循環，觀行者因除遣了昏沉、睡眠、掉舉等修行障礙而感到歡樂，稱為「攝樂作意」。

五、觀察作意（自我檢視是否仍有潛在慾望）

如是精進的樂斷樂修、正修加行，任持善業，被「欲界」繫縛的各種粗重煩惱逐漸減少，或若隱若現、或不再現行。此時便念想：「我現在還有沒有覺察不到的貪慾煩惱？」為確定此點，便審慎的選擇一種看似可愛的淨相來測試自己的貪慾，且能作意思惟，其實深藏在六、七識的貪慾習性猶在、仍未永斷，此可愛淨妙相仍會令我產生慣性的親近心、愛戀心、貪求心，還是不能捨離、不能厭毀、不能制伏。於是再進一步念想：「我仍有潛在蟄伏的各種慾望、心仍然不能正確解脫，仍被各種業行挾持，我一定要永遠斷除剩餘潛藏的貪慾習氣，才能正勤安住、樂斷樂修」，以上稱為「觀察作意」。

六、加行究竟作意（能夠隨時檢視潛在慾望）

從此以後倍加斷離慾望煩惱，且倍加樂意入座修習止觀，能鄭重審察所對治之慾望，也能時時審察已斷捨的慾望。由此因緣，心不再被「欲界」的煩惱繫縛，但又能明白這只是暫時伏斷的方便，不是畢竟永遠斷除煩惱的種子。於是當下進入「初禪」的前加行道，已得究竟作意，有能力對治一切煩惱的生起，稱爲「加行究竟作意」。

七、加行究竟果作意（已斷除欲界慾望，成就初禪之功德果）

由此因緣，無間隙的證入「根本初禪定」，此根本初禪定之作意稱爲「加行究竟果作意」。因爲能捨離「攝樂作意」而出離欲界（攝樂也是慾望），此時初禪的「離生喜樂」於時時間微薄現前；以「加行究竟作意」轉念時，此「離生喜樂」轉複增廣、於時時間深重現前；以「加行究竟果意」轉念時，「離生喜樂」遍諸於身、無不充滿、無有間隙，修行人於此時能遠離各種慾望、遠離一切惡不善法（非斷捨煩惱種子）。有尋有伺離生喜樂於「初禪」圓滿五支功德具足安住，名「住慾界對治修果」，因爲斷離了「欲界」慾望而得此名稱。

「七作意」小結

「了相作意」是對各種慾望有正確的尋思和了解，且有非常強烈想要斷離的願望。「勝解作意」是更用功的加行，積極增益觀想「慾望」的各種過患。「遠離作意」能捨離所有粗重煩惱。「攝樂作意」能捨離所有不粗重的煩惱。「觀察作意」能捨離增上慢煩惱（未證言證是更細微的煩惱）。「加行究竟作意」能捨離所有細微的煩惱。「加行究竟果作意」能正確領受以上作意所修得之善果。

觀行人修入色界「初禪定」後，也仍然繼續修這七種作意，才能進入二禪；之後的三禪、四禪，乃至無色界的「空無邊處定、識無邊處定、無所有處定、非想非非想處定」，也都是修這七種作意，只是更加的細微。

入色界初禪應有之「離慾相」

此時修行人應有的離慾相是「身業安住、諸根無動」：外在舉止具有威儀、沒有躁擾，且威儀相能夠持久、不會時常現出驚懼的樣子而脫離了威儀相；在言詞方面，說話柔軟寂靜、不喜歡喧雜、不喜歡眾集，能言語安詳。當眼根看見色境就只覺知色境，不因覺境而對色境生起貪愛，耳聞聲境、鼻嗅香境、舌嘗味境、身覺觸境皆是如此，只有覺了外境而沒有攀緣貪戀。

此時的心已無所畏懼（即無慾則剛，因無所求故無所畏懼），因有種種覺了而引發深幽的智慧，於是身心產生廣大的輕安受，從此身心隱密，不再有貪婪、不再有憤發，已有堪忍的能力，不再對慾望有各種尋思、也不會有惡尋思來擾亂內心，是為修行人的離慾相。

「資糧位」的修行成果

《唯識三十頌》對「資糧位」的描述為：「乃至未起識，求住唯識性，於二取隨眠，猶未能伏滅。」《成唯識論》的解釋為：「於唯識義雖深信解，而未能了能、所取空，多住外門修菩薩行，故於二取所引隨眠，猶未有能伏滅功力，令彼不起二取現行。」

頌論曰，此時「資糧位」的修行人對「五停心觀」的教法雖能深入信解且實踐力行，但仍未能對瑜伽「唯識」之甚深義有如實的了悟，因為修行人對「能取、所取」了悟還不足，還無法制伏煩惱、令不現行。

無法制伏「能取、所取」的習氣種子**現行**，就不能更上乘的了悟「人無我、法無我」的真義，因為被「煩惱障、所知障」障礙明了「一切法唯識所現、緣起性空」之深義，故仍在外門修菩薩行。

「煩惱障」的習氣種子、「所知障」的習氣種子仍會現行，是因為止觀的功夫還未純熟，主要是第六識的訓練還不夠，包括止心的穩定度不夠，慧觀的簡擇力也不足，缺乏「禪那」的止觀雙運。

1.40 觀修「所緣」至無形、高深之境，就是止觀雙運。

परमाणु परममहत्त्वान्तोऽस्य वशीकारः ॥४०॥

paramāṇu parama-mahattva-anto-'sya vaśīkāraḥ ॥40॥

「禪那」是梵文 dhyānā 的音譯，通稱爲「禪定」，是「色界」天眾才有的精神境界，「欲界」人眾沒有。若能捨離「欲界」的慾望就能修入「色界」禪定。證入色界「禪那」會產生三種心理狀態：不悔、歡喜、安樂。

「不悔」是指不再對道法疑惑而生退轉；「歡喜」是因脫離欲界粗重慾望而有之歡慶喜樂，這種喜樂是欲界眾生從沒有過的經驗。「安樂」是指初禪雖能領受離慾之喜樂，但仍有尋伺慾之憂要出離，二禪已無尋伺慾之憂故而領受禪定喜樂，但仍須出離禪樂才能入三禪，三禪能領受更殊勝的妙樂，但仍須出離妙樂才能入四禪。故知禪修是不斷入、住、出的向上過程。

「禪那」的定心已能止於一境，且能在定中靜心審慮，是止觀雙運有成的境界。一般人多將「禪那」通稱爲「禪定」，容易被誤會只有修定、沒有慧觀，可能是玄奘法師將「禪那」改譯爲「靜慮」的原因。

靜慮

《禮記大學》：「知止而后有定，定而后能靜，靜而后能安，安而后能慮，慮而后能得。物有本末，事有終始，知所先後，則近道矣。」《瑜伽師地論》云：「言靜慮者，於一所緣，繫念寂靜，正審思慮，故名靜慮。」

《禮記大學》謂，有能力止念而後才有定力，有了定力內心生起寂靜，心得寂靜而後能安穩，安穩的心態才有能力審慮，有審慮的能力最終能得道。世間萬物有根本和枝末的差別，每件事情也是先有開始然後才結束，若能明白修心的先後次第，就離「道」不遠了。

《瑜伽師地論》謂，心能對同一所緣境不斷繫念、直到進入寂靜的狀態，就是修「止」；對同一所緣境能作正確的思惟審慮，就是修「觀」。心能在寂靜中審慮稱為「靜慮」，有四種境界：初靜慮到四靜慮（初禪到四禪），是「色界」才有的四種心德，也是「止觀雙運」有成就的境界。

禪那（靜慮）的功德

《大乘阿毘達磨雜集論》用「三類、十八支」來說明色界四禪的功德。「三類」是自性、利益、對治，「十八支」是指初禪有五支功德、二禪有四支功德、三禪有五支功德、四禪有四支功德。

初禪稱為「離生喜樂地」：修行人因捨離「欲界」妄想和慾望而現受「色界」禪定法樂，故初禪具有「喜、樂、尋、伺、心一境性」等五支功德。此時因脫離欲界粗重的煩惱而生出喜、樂之「利益」，但仍有粗尋、細伺的慾望須加以「對治」，心一境性則為初禪之「自性」（「心境一如」為禪那的自性本質）。

證入初禪時，身體可能會產生八觸：動、癢、輕、重、冷、暖、澀、滑，是因為「欲界四大」轉換為「色界四大」所引發，是心理變化引發之生理反應，行者毋須驚恐。天台智顗大師在其《釋禪波羅蜜次第法門》中提到，「此乃色界極微入於欲界極微而相替，地、水、火、風狂亂而如此發動也，若不知此等法相之人，驟起驚怖以為發病，馳迴不已、遂亂血道，真為狂氣矣，不可不知也。」

二禪稱爲「定生喜樂地」：修入二禪之行者會有「喜、樂、內等淨、心一境性」四支功德。喜、樂爲「利益」，內等淨是因爲已「對治」尋、伺的慾望而產生之內清淨，心一境性爲「自性」。二禪已無八觸現象，因爲已將欲界身轉化爲色界身。

三禪稱爲「離喜妙樂地」：修入三禪之行者會有「樂、正念、正知、行捨、心一境性」五支功德。此時能以行捨對治二禪之喜受，因正念、正知而產生離喜之無比妙樂。故行捨、正念、正知爲「對治」，妙樂爲「利益」，心一境性爲「自性」。

四禪稱爲「捨念清淨地」：修入四禪之行者會有「捨清淨、念清淨、捨受、心一境性」四支功德。四禪因捨離三禪之妙樂故稱「捨（樂）清淨」，能以正念修養功德是「（正）念清淨」，由此得「捨受」令心不浮不沉、平等正直。故捨清淨、念清淨爲「對治」，捨受爲「利益」，心一境性爲「自性」。

《大毗婆沙論》云：「諸瑜伽師染著第三禪之樂，唯有進入第四禪始爲眞實之禪」。《大般若波羅蜜多經》云：「一切菩薩摩訶薩眾無不皆依第四靜慮，方便引發金剛喻定，永盡諸漏，證如來智。」

又，第四禪因「捨清淨、念清淨、捨受」故，不再有八種擾動禪定之災，八災爲「尋、伺、苦、樂、憂、喜、出息、入息」，才是眞正的禪定。故論曰，瑜伽師會耽染第三禪的妙樂，唯有進入第四禪，才能稱爲眞實之禪。

經云，一切大菩薩都是以第四禪方便而引發成就佛果的「金剛喻定」。「金剛喻定」又稱爲「金剛喻三摩地」（vajropamā-samādhi），是指以第四禪的定力作「金剛喻」的慧觀，觀見心猶如金剛一般無堅不摧，能斬碎萬物、斷除一切煩惱。「金剛喻三摩地」是十地菩薩即將斷除最後

煩惱所生起之大定，此大定所起之慧觀能斷除極微細之煩惱而得極位佛果，證究竟如來智。

有尋有伺地、無尋無伺地

《瑜伽師地論》就尋伺的慾望程度，將三界六道眾生分為「有尋有伺地、無尋無伺地」。「地」的梵語是 bhumī，就是大地，有生長、攝持、所依的涵義。如前述，「尋伺」是第六識粗動的尋求分別、或細靜的觀察分別，是眾生不斷在思惟或靜觀的狀態。

「欲界」眾生對尋伺充滿了慾望且尋求必帶有我執，故屬於「有尋有伺地」。「色界」初禪天眾對「尋伺」還有些許慾望，故也屬於「有尋有伺地」。「色界」二禪以上之天眾對「尋伺」已無慾望，只有如理作意的簡擇，皆為「無尋無伺地」。

有尋有伺三摩地、無尋無伺三摩地

就三摩地（梵語 samādhi）的定境來說：「欲界定」是粗重的有尋有伺三摩地；「色界初禪」是細微的有尋有伺三摩地。二禪、三禪、四禪、或四空定皆為無尋無伺三摩地，「無尋無伺」是指已無粗尋、細伺的慾求，但是有對所觀境的「如理作意」。

就止觀等持與否的角度來說：初禪仍有尋伺且第六識的觀多止少；二、三、四禪已無尋伺，第六識的止心逐漸增強、觀修力道逐漸減少，到第四禪是止觀最為均等的境界。但是修到「無色界」四空定，第六識的止心過強，慧觀反而難以生起簡擇力。

心定的層次	尋伺慾望的有無	止觀等持的程度	八識擾動的有無
欲界散定	有尋有伺三摩地	粗尋觀多、止少	有八識的擾動
未到地定	有尋有伺三摩地	粗尋觀多、止少	有八識的擾動
色界初禪	有尋有伺三摩地	細尋觀多、止少	無鼻、舌識擾動
色界中間禪	無尋有伺三摩地	細伺觀多、止少	無鼻、舌識擾動
色界二禪	**無尋無伺三摩地**	**觀減少、止增多**	**無前五識擾動**
色界三禪	無尋無伺三摩地	觀減少、止增多	無前五識擾動
色界四禪	無尋無伺三摩地	止、觀等持雙運	無前五識擾動
無色界空定	無尋無伺三摩地	止多、觀少	無前五識擾動

1.41「能取」安住在「所取」的觀修過程，心的波動變得微弱且呈現出摩尼寶珠般的明亮，猶如能、所合一的狀態稱為「三摩缽底」。

क्षीणवृत्तेरभिजातस्येव मणेर्ग्रहीतृग्रहणग्राह्येषु तत्स्थतदञ्जनतासमापत्तिः ॥४१॥

kṣīṇa-vṛtter-abhijātasy-eva maṇer-grahītṛ-grahaṇa-grāhyeṣu tatstha-tadañjanatā samāpattiḥ ॥41॥

三摩缽底

「三摩缽底」是修行有成的正定，「能取」是能觀之心，「所取」是所觀之境，此時「能、所」相續安住在觀修的過程中，猶如合一的狀態，因了悟「心境不二」，故呈現出摩尼寶珠般空明的境界。

「定」的梵文非常多，《瑜伽師地論》介紹了四大類「靜慮、解脫、等持、等至」計七十餘種。其中靜慮（禪那）、等持（三摩地）已如前述，以下簡述「等至」。

「等至」的梵語為 samāpatti，音譯是「三摩缽底」，是指心已能前後相續平等的專注在同一所緣，為止觀雙運「等至」的有成境界，包括色界四禪、無色界四空定（俗稱四禪八定），但不通欲界散定。而「三摩地」通欲界散定、也通四禪八定。

加行位

《成唯識論》曰：「煖、頂、忍、世第一法四，總名『順決擇分』，順趣眞實決擇分故，近『見道』，故立『加行』名，非前資糧無加行義。」《瑜伽師地論》云：「聖教爲依而起尋求，說名尋思。……言尋思者，即依如是無倒法義，起出離等所有尋思。」

此時進入修行的第二階位「加行位」，改修兩種「唯識觀」。《成唯識論》謂「加行位」分爲四個階層「煖、頂、忍、世第一法」，所修得之止觀分別稱爲「明得定、明增定、印順定、無間定」，總稱「順決擇分」，此時瑜伽師能對所觀境作隨順趨向眞實義的尋思和決擇。

所謂「尋思和決擇」是指瑜伽師依據世尊聖教，以第六識的「加行分別智」（有漏智）作尋思推求：就禪那而言，是出離細微慾望的七種如理作意；就慧觀而言，能進一步勝解瑜伽唯識的教義。

兩種「唯識觀」是指在煖位、頂位所修之「四尋思觀」，在忍位、世第一法位所修之「四如實智觀」。加行位是加強火力作最後衝刺的修行階段（非資糧位沒有加行），猶如鍋中水，一旦沸騰即是見道之時，有剋期取證之意，故說「加行位」鄰近解脫的「見道位」。

加行分別智（能）與兩種唯識觀（所）

《攝大乘論釋》謂，「智」可分爲一、加行分別智：爲瑜伽師未證道前之有漏智，是以「尋思慧」爲體，能分別有爲之事相，簡稱分別智，是證道之「因」。二、根本無分別智：爲正證之慧，是入「見道位」當下證得的無漏智，初地菩薩住定時所見一切法平等無分別，簡稱根本智，乃道之「體」。三、後得分別智：登地菩薩出觀後之起用慧，簡稱後得智，乃道之「果」、亦爲體之用。

《成唯識論》謂，證道之聖者，其「根本無分別智」與「後得分別智」為同一種智，惟作用不同，「根本無分別智」令菩薩在出世間不斷增上（自覺）；「後得分別智」令菩薩在入世間發揮悲智雙運的功能（覺他）。此二智分別對治二障，能令登地菩薩不斷入、住、出，直到成就圓滿的佛果。

唯識觀：觀名言（能）和境義（所）

「名言」已在第九頌詳述，即「名」能隨音聲赴事物使人起想、起相，並無實體，是人為施設而有；「言」主要是意言，是第六識在進行的無聲語言，用以描述所見之境。凡夫以名言認識六境必帶有我執習氣，故所見必是依他起性的「遍計所執相」。

六「境」的梵語為 visaya，英梵辭典謂 object giving sensual pleasure，故六「境」是感官經驗之境，不是中道實相，只是六「識」所投射之影像，也是凡夫在依他起相上增加的「遍計所執相」。故說凡夫所起之名言種子「唯識」，唯有執著對立的識別，因不得見真相故而「無義」。

「義」的梵語為 artha，英梵辭典謂 object of true sense，是真實之相，是聖者如實所見的依他起相，亦即「圓成實相」，此相是登地的菩薩所見少分圓滿之「義」（真相），菩薩之能見是已無執著分別之「智」（根本智、後得智）。

「加行位」的瑜伽師最好有接近初禪的「未到地定」或初禪以上的定力，且對唯識教理已有勝解，故能依定作「唯識觀」，以加行分別智尋求「三界唯心、萬法唯識」的真義，其中「唯心」是凡夫的識心、「萬法」是指一切有為法。

1.42 此時，名言（能取）和事義（所取）是混淆的，以「加行分別智」作尋思，是爲「有尋三摩地」。

तत्र शब्दार्थज्ञानविकल्पैः संकीर्णा सवितर्का समापत्तिः ॥४२॥

tatra śabdārtha-jñāna-vikalpaiḥ saṁkīrṇā savitarkā samāpattiḥ ॥42॥

「有尋三摩地」是初禪的境界（證入初禪前的七種作意已如前述），此頌是證入初禪、同時準備證入二禪的修法，瑜伽師還是以「七種作意」觀修，以除遣離開欲界、進入色界所生起的喜樂，以及初禪仍有尋、伺的慾望。

初禪（離生喜樂地）：有尋有伺三摩地

《瑜伽師地論》：「若於有尋有伺初靜慮地覺了粗相，於無尋無伺第二靜慮地覺了靜相爲欲證入第二靜慮，應知是名了相作意謂已證入初靜慮定。已得初靜慮者於諸尋伺觀爲粗性能正了知，若在定地於緣最初率爾而起、匆務行境、粗意言性是名爲尋；即於彼緣隨彼而起隨彼而行、徐歷行境、細意言性，是名爲伺。又正了知如是尋、伺是心法性，心生時生、共有相應同一緣轉。又正了知如是尋、伺依內而生、外處所攝。又正了知如是一切過去、未來、現在所攝從因而生、從緣而生，或增或減，不久安住、暫時而有、率爾現前、令心躁擾、令心散動、不靜行轉，求上地時若住隨逐，是故皆是黑品所攝、隨逐諸慾。離生喜樂少分勝利，隨所在地自性能令有如是相，於常常時、於恆恆時有尋有伺，心行所緣躁擾而轉、不得寂靜。」

《瑜伽師地論》曰，此時於「有尋有伺初禪地」能覺了粗相（喜樂、尋伺的慾望），即能觀修要證入二禪的靜相，即對更上層「無尋無伺二禪地」起七種作意，從「了相作意」開始覺了二禪的靜相。初禪既名「有尋、有伺三摩地」，即知證入初禪之瑜伽師要對各種尋、伺的粗性有正確的了知：在定中，對所觀境一起初始的作意，即能迅速以粗動的名言進行理解，稱為「尋」；又能對同一所觀境隨順生起細靜的名言、徐緩的以意言作靜態的觀察，稱為「伺」。

接著能正確了知，對所觀之境所起之粗尋、靜伺，雖是觀境其實是觀心，此心生時對「所觀境」能以尋伺彼此相應、共同對同一所緣而轉；又能正確了知這樣的尋、伺雖依內心而生、亦為外處所攝（外境乃自心的投射）；又能正確了知一切過去、未來、現在心所攝之外境皆從因而生、從緣而生，或增或減，不久安住、暫時而有、率爾現前、令心躁擾、令心散動、不靜行轉，若為了求得二禪而隨逐尋伺引起各種擾動，只會隨逐慾望、繼續造業。故了知初禪之「離生喜樂地」只有些許好處，且於此地還會時常被有尋有伺之心所擾，令心行所緣躁擾而轉、不得寂靜。

中間禪（離生喜樂地）：無尋有伺三摩地

《瑜伽師地論》：「以如是等種種行相，於諸尋、伺覺了粗相，又正了知第二靜慮無尋無伺，如是一切所說粗相皆無所有，是故宣說第二靜慮有其靜相，彼諸粗相皆遠離故。為欲證入第二靜慮，隨其所應其餘作意如前應知，如是乃至為欲證入非想非非想處定，於地地中隨其所應，當知皆有七種作意。又彼粗相遍在一切下地皆有，下從慾界展轉上至無所有處。當知粗相略有二種：謂諸下地苦住增上望上所住不寂靜故，及諸壽量時分短促望上壽量轉減少故。此二粗相由前六事如其所應當正尋思。隨彼彼地樂離慾時，如其所應於次上地尋思靜相，漸次乃至證得加行究竟果作意。複次，此中離慾者，慾有二種：一者煩惱慾、二者事慾。離有二種：一者相應離、二者境界離，離惡不善法者。煩惱慾因所生種種

惡不善法，即身惡行語惡行等、持杖持刀鬥訟諍競、諂誑詐偽起妄語等，由斷彼故說名爲離惡不善法。有尋有伺者，由於尋伺未見過失，自地猶有對治欲界諸善尋伺，是故說名有尋有伺。所言離者，謂已得加行究竟作意故；所言生者，由此爲因由此爲緣，無間所生故名離生。言喜樂者，謂已獲得所希求義，及於喜中未見過失，一切粗重已除遣故、及已獲得廣大輕安，身心調暢、有堪能故，說名喜樂。所言初者，謂從欲界最初上進創首獲得依順次數說名爲初。言靜慮者，於一所緣繫念寂靜、正審思慮，故名靜慮。言具足者，謂已獲得加行究竟果作意故。言安住者，謂於後時由所修習多成辦故，得隨所樂、得無艱難、得無梗澀，於靜慮定其心，晝夜能正隨順，趣嚮臨入隨所慾樂，乃至七日七夜能正安住，故名安住。」

《瑜伽師地論》謂，此時對於種種心的行相，第六識能以「尋、伺」覺了初禪有尋有伺的粗相，且同時正確了知二禪無尋無伺的靜相，一切所說粗相皆無所有，是故宣說二禪有其靜相，當下各種**粗尋之相皆遠離**（此時爲即將證入二禪的中間禪稱爲無尋有伺），即將證入二禪，此時應有「七種作意」，如是乃至爲證入無色界的「非想非非想處定」，也要於各地中隨其所應，當知皆有「七種作意」。

所謂「粗相」是相對的概念，對上地而言、每個下地皆爲「粗相」，每個上地皆爲靜相，因此都要起離開的慾望。「粗相」有兩種：下地充滿了苦住，慾求上地會產生不寂靜的心理；下地的壽量時間短促，慾求上地會產生壽量減少的狀態。消除這些相對的「粗相」也是以第一種「了相作意」的「六事」（義、事、相、品、時、理）作正確的思惟，當離開下地的「粗相」慾望時、即同時得到上地的「靜相」，如此相續作意直到證得第七種「加行究竟果作意」。

所謂離開下地的慾望，慾望有二種：煩惱慾、事慾。離開也有二種：相對離、對境離。「煩惱慾、事慾」是心所生起的種種惡法和不善法，包

括身惡行、語惡行等，如持杖持刀械鬥的行為、訴訟諍競的言語、諂誑詐偽的妄語等。「相對離、對境離」是指斷除離開了惡法或不善法。

初禪證圓滿有「喜、樂、尋、伺、心一境性」五支功德：所謂「有尋有伺」本身並沒有過失，因為能對治欲界的慾望煩惱，所以屬於善的尋伺。所謂「離」是已得「加行究竟作意」（離開了下地、升到上地）；所謂「生」是因為有「加行究竟作意」而得「加行究竟果作意」，由此無間隙的生故名「離生」。所謂「喜樂」是已獲得所希求義，及於喜中未見過失，一切粗重已除遣故、及已獲得廣大輕安，身心調暢、有堪能故，說名「喜樂」。

所謂「初」是說首次離開了欲界諸慾、第一次向色界登地，依順序說名為「初」。所謂「靜慮」（禪那）者，於一所緣繫念寂靜、正審思慮，故名靜慮。所謂「具足」是已獲得「加行究竟果作意」。所謂「安住」是說雖然獲得「加行究竟果作意」，也能持續精進不斷修習多成辦故，得隨所樂、得無艱難、得無梗澀，於靜慮定其心，白天夜晚都能正隨順，隨時都能趨向臨入喜樂之境，乃至七日七夜都能正安住，此時初禪已修得圓滿。

二禪（定生喜樂地）：無尋無伺三摩地

二禪又稱為「無尋無伺三摩地」，屬於「定生喜樂地」，修入二禪之瑜伽師會有「喜、樂、內等淨、心一境性」四支功德。

《瑜伽師地論》：「於有尋有伺三摩地相心能棄捨，於無尋無伺三摩地相繫念安住，於諸劬務所行境界能正遠離、於不劬務所行境界安住其心，一味寂靜極寂靜轉，是故說言尋伺寂靜故、內等淨故。又彼即於無尋無伺三摩地中串修習故，超過尋伺有間缺位，能正獲得無間缺位，是故說言心一趣故。無尋無伺者，一切尋伺悉皆斷故。所言定者，謂已獲得加

行究竟作意故，所言生者，由此爲因、由此爲緣無間所生，故名定生。言喜樂者，謂已獲得所希求義，又於喜中未見過失、有欣有喜，一切尋伺初靜慮地諸煩惱品所有粗重皆遠離故能對治，彼廣大輕安、身心調柔、有堪能、樂所隨逐，故名有喜樂。」

《瑜伽師地論》謂，到了二禪，對於「有尋有伺三摩地相」心已能夠棄捨、同時於「無尋無伺三摩地相」能夠不斷繫念安住，此時第六識於各種匆促所行境界已經能正確遠離（遠離粗尋）、於不匆促所行境界能安住其心（遠離細伺），此時只有一味的寂靜、極度的隨轉寂靜，稱爲「尋伺寂靜」，同時生出「內等淨」。接著相續不輟的修習「無尋無伺三摩地」爲緣故，而能超越偶爾生起的尋伺，最後才正確獲得相續無間斷的「無尋無伺」，得心一境，一切尋伺悉皆斷故。

二禪的「定」是指已獲得「加行究竟作意」，「生」是因獲得「加行究竟作意」由此而得「加行究竟果作意」無間所生，故名「定生」。二禪之「喜樂」已有所獲（是正定所生之喜樂，不同於剛出離欲界所生之喜樂），又於喜中未見過失、有欣有喜，因爲一切初禪的有尋有伺引起的粗相重煩惱皆已遠離，此正定所生之喜樂對治了粗相煩惱，因而生出廣大的輕安受，身心變得調和柔順、有堪能性、樂所隨逐，故說有喜樂。

1.43 （能取）念念清淨，（所取）猶如現出唯義的自相空明，是爲「無尋三摩地」。

स्मृतिपरिशुद्धौ स्वरूपशून्येवार्थमात्रनिर्भासा निर्वितर्का॥४३॥

smṛti-pariśuddhau svarūpa-śūnyeva-arthamātra-nirbhāsā nirvitarkā ॥43॥

唯義的自相空明

《成唯識論述記》云：「法自體唯證智知，言說不及，是自相。若法體性言說所及，假智所緣，是爲共相。」《雜集論》云：「何故復說此名空性？一切雜染所不行故。……說有雜染，當知但是客塵煩惱之所染汙。何等名爲客塵染汙？謂由未拔所取、能取種子，故令依他性心二行相轉非法性心。以諸法法性，自性清淨故。」《瑜伽師地論》云：「明者，謂由加行習所成慧。……當知此中於內煩惱，如實了知有知爲有；無知爲無，是名空性。」

論曰，諸法之自性本體，唯證道聖者之智可了知，已無法用名言描述，此自性本體稱爲「自相」。若諸法之自性本體還可以用第六識的名言習氣去描述，即是以有漏的分別智去分析，此相稱爲「共相」。

諸法之自性本體又稱爲「自性」，唯識學家稱爲「自相」，即一切法的**理體**（法性不可見）具有清淨如常、眞實不變之實義，同時一切法的事相（法相可見）其性本「空」，此「體相一如」的空性唯「根本無分別智」的現量能緣，不可言說、唯證方知。

空的本質是「空有一如」

「空性」是「真如」之異名，要證得空性就要修「空觀」（能取空、所取空＝人我空、法我空）。「空」不是什麼都沒有，說「空」的目的在破除我執、法執，破除二執即親證真如實體，此實體為非空非有、即空即有之「中道實相」，此依空而顯之「實性」亦稱為「空性」，故知「真如」之實義並非空無。「非空、非有」即不二，「即空、即有」乃一如。

論曰，自相本應空明，但被客塵煩惱所染，若以「加行分別智」如實了知：客塵是凡夫能取的第六識在「依他起相」上再增加的「遍計所執相」，若能捨離所取之「遍計所執相」即是了悟「空性」的法門。

「空性」猶如虛空，本自清明，因被塵埃擾動才失去空明，拔除第六識「能取、所取」之習氣種子，即能去除客塵煩惱，恢復虛空原本的自性清淨，所見即是無染的「依他起相」，此相亦是「圓成實相」。

煖位「明得定」、頂位「明增定」

此時修得之加行位階稱為「煖位」，是離開無明後所生起之煖火、見道前的光明相，也是初次探得「實相般若」的微弱明光，故說「煖位」。若能進一步明了唯識教理，猶如站在山頂般看清一切法，從此不再退轉，而說「頂位」。

此時修得之止觀境界以「明得定、明增定」來形容。「明得定」相當於初禪，在描述定境所現之慧焰光明，惟此時觀行仍有尋、伺的粗性，故有不得寂靜的情形。「明增定」相當於中間禪，形容定境中的慧焰增上而更加明亮，此時的觀行漸入寂靜，唯有伺察。

依「明得定、明增定」所起之唯識觀稱為「四尋思觀」，分為上品觀、下品觀。依「明得定」發起「下品四尋思觀」，初觀「名、事、自性、

差別」都是自己的妄識所現，是自己在依他起性上增加的「遍計所執相」，此相虛假無實，明了「所執、所見、所取」皆空，而得「煖位」。

若明相繼續增上，則依「明增定」發起「上品四尋思觀」，仍然是觀依他起性的「遍計所執相」假有實無，重複深入觀析「名、事、自性、差別」仍是自心所變，實不可得，再度印可「所執、所見、所取」皆空。此時尋思到極致，對「唯識」殊勝的教理不再疑惑，猶如攀登至峰頂，不再退返，而得「頂位」。

四尋思觀

對「名、事、自性、差別」四法作尋思稱為「四尋思觀」，旨在了悟一切有為法的虛妄本質，尋思一切法的「名、事、自性、差別」皆假有不實，所見如夢幻泡影，不斷尋求此四法的內涵，**而悟入「遍計所執相」的「相無自性性」**。

一、名尋思：《大乘阿毘達磨集論》云：「名尋思者，謂推求諸法名身、句身、文身自相，皆不成實，由名身等是假有故，觀彼自相皆不成實。」

名身、句身、文身是梵語的語言結構：「身」是組合之意，「名身」是名詞的組合，「句身」是句子的組合，「文身」是文字的組合（文是指梵文的字母）。

論曰，推求每天在溝通所使用的名詞、句子、文字的本質為何？分析所見一切法（人事物）必須藉由「名、句、文組合」的描述才能彰顯其意，於是對諸法的共相進行簡擇，直到無法再分析者，稱為「自相」，此時觀見所謂的「名稱、句子、文字」等組合的描述是如此虛假，是自己不斷用心中的意言、或說出口的語言所編織的主觀意見，並沒有絕對的真相在其中。

每個人不停用第六識「能詮」的名言習氣在進行「能執著」，利用「名句文」的組合編造了自己的「遍計所執相」，是在一切法（人事物）上的所增語。然而一切法（人事物）本應只有單純的「依他起相」，眾生在此相增加的「名句文組合」毫無實益，只是讓自己的世界變得複雜而煩惱。故僧肇法師說：「以名求物，物無當名之實；以物求名，名無得物之功。」

二、事尋思：《集論》云：「事尋思者，謂推求諸法蘊、界、處相皆不成實，由諸蘊等如名身等，所宣說事皆不成實，是故觀彼相不成實。推求者是觀察義。」

尋思「名」的自相，推求的是「能詮」；而尋思「事」的自相，推求的是一切法（人事物）的內涵，是「所詮」。在這個有為法的世界中，一切法的外相及其內涵都必須用「名句文」的組成去定義，這樣的約定俗成，只是為了方便溝通而在當時有了共同的使用，是「人」為的假立，也不是真相。

約定俗成只是人為的施設，而且不同的時空環境有不同的約定，古今不同，各地也不同。例如所謂的養生、美麗、成功……等等各種名相，其內涵往往是由廣告商等宣傳者施設，帶有某種目的或利益，並不是真相。而且人們還繼續在此名相上，增加自己的「遍計所執相」而現出各自的六境，連共識都沒有。

故論曰，以「事尋思」的方式去推求五蘊、十二處、十八界所顯現的一切法（人事物），其實是自己在客觀的因果相上再用自己主觀的執著想所增益的內容，自心「所詮」的六境因為歷歷在目，所以非常逼真，以為就是事實，然而所現只是自己第六識的名句文組合，並沒有真相。

三、自相假立尋思：《集論》云：「此二互爲領解因性。所以者何？善名言者，但聞能詮由憶念門便於所詮得生領解，或但得所詮由憶念門便於能詮得生領解。於如是種類共立相應中，……因中起此名言故。若如是觀察，是名自性（相）假立尋思。」

論曰，對一切法的「共相」尋思簡擇到其「自相」，即使推求出「名」的自相、「事」的自相，會發現二者的自相是彼此在「因」上的循環，求不出正確的結「果」。眾生已經過度習慣使用「名句文」來理解一切法，這種慣性思惟能立即喚出憶念種子以「能詮」層層推求「所詮」；或反過來，藉由「所詮」喚出憶念種子的「能詮」。

從「能詮」的共相推求到自相、或從「所詮」的共相推求到自相，發現「自相」也是人爲的施設假立，觀見自己不斷在「能詮、所詮」上輪迴，而且是在「因」相上的循環，一點眞實的「果」相都沒有。觀析「能詮、所詮」自性本體的虛假不實，是爲「自相假立尋思」。

四、差別假立尋思：《集論》云：「差別假立尋思者，謂於諸法能詮、所詮相應中推求差別，唯是假立名言因性。所以者何？以於能詮、所詮相應中，推求若有常無常、有上無上、有色無色、有見無見等差別相，唯是假立名言因性。如是觀察，是名差別假立尋思。」

論曰，推求一切法的「能詮之名、所詮之事」有種種的差別相，也都是人爲的施設假立，即一切法（人事物）有二元對立的差別相：好壞、高低、美醜、有常無常、有上無上、有色無色、有見無見等等。

尋思推求這些二元對立相是互爲假立的施設，也是彼此在「因」上的循環，一點眞實的「果」相都沒有。這些由「名句文」組合出來的差別相，充滿了二元對立的衝突，也只是暫時假有，並無永恆的實義，是爲「差別假立尋思」。

以尋思「成功」的假立為例

由文字來推求，「成」是完成、成就，「功」是功業、功德，本是中性的描述。由名詞來推求，有了「成功」這個名詞，就必須施設「失敗」這個名詞以詮釋和彰顯成功的內涵，於是產生了二元的對立。由句子的組合來推求，所有關於「成功」文章的描述是讚揚「成功」同時貶低「失敗」。於是我們一直被洗腦：人生的目標就是要追求成功，不要失敗。

有為法的世界充滿了二元對立的「名、事」，人們不斷用第六識的執著（能詮）為「成功、失敗」填滿了各自的妄想（所詮），這種二元性很輕易的讓人有了「自行比較」的憑藉，而導致人與人之間的對立，是一切煩惱痛苦的來源：他比較成功、我失敗，他比較富有、我貧窮，他比較美麗、我醜陋……。於是人們不斷追求所謂的成功、富有、美麗……。

而「成功」的真相是什麼呢？「成功」只是假立出來的名相，多金的富豪、崇高的地位不是它唯一的內涵、也不是應該追求的內涵，因為不會帶來恆常的快樂；因它施設出來的「失敗」也非一無是處，反而是學習人生經驗、反省自心的契機，不是只有痛苦。成功沒有好，失敗也沒有壞，它們的二元對立大多是商業廣告和戲劇效果的「所詮」。

成功和失敗不是兩條對立的平行線，而是同一條正弦波的曲線。成功不是最後的結局、只是瞬間的高點，高點之後便往下；失敗是另一個契機的開端、只是瞬間的低點，低點之後便向上，所以真相是沒有所謂的成功或失敗，若能領悟一切有為法只是名事的假立並將這種觀念實踐在生活中，就是入「不二法門」。

名、事互為客

《攝大乘論》：「名事互爲客，其性應尋思，於二亦當推，唯量及唯假。實智觀無義，唯有分別三，彼無故此無，是即入三性。」

《攝大乘論》謂，「名」是名言、「事」是事相，能取之名言、所取之事相是互相施設假立的，行者應尋思：二者是彼此不斷的循環而且都不是主人（空明眞心）只是客人（客塵煩惱），故說「名事互爲客」。而且能詮的「名」只有第六識的比量（計度）和非量（妄想），所詮的「事」是虛妄不實的二元性，找不到絕對的眞相。

論曰，行者應該以第六識的「加行分別智」作如理的思惟，即以「尋、伺、思、慧」心所對「名、事」進行正確的觀析。「加行分別智」雖是凡夫的有漏智，仍要藉此智不斷的簡擇思惟「依他起相、遍計所執相、圓成實相」的內涵（共相），直到悟入「生無自性、相無自性、勝義無自性」（自相）。

1.44 同此，對所觀境的伺察與否，又可分爲「有伺、無伺」。

एतयैव सविचारा निर्विचारा च सूक्ष्मविषया व्याख्याता॥४४॥

etayaiva savicārā nirvicārā ca sūkṣma-viṣaya vyākhyātā ॥44॥

初禪是有尋有伺三摩地，中間禪是無尋有伺三摩地，二、三、四禪皆是無尋無伺三摩地。故「有伺」是指初禪或中間禪，「無伺」是已修入二禪以上的境界。

「有尋」是對所觀境還有粗動推求的慾望，「無尋」是對所觀境已無粗動推求的慾望；「有伺」是對所觀境還有細微靜察的慾望，「無伺」是已無細微靜察的慾望，但有如理的「七作意」。

《成唯識論》謂，四加行的「明得定、明增定」相當於初禪、中間禪，「印順定、無間定」相當於二禪或二禪以上之定境，而以第四禪最爲殊勝、圓滿，最能幫助行者證入解脫的「見道位」。

忍位「印順定」、世第一法位「無間定」

此時之加行位階稱爲「忍位」，「忍」通認，是指對法理已有深刻的確認，不再疑惑，且能將法理實踐在生活中。故《大乘義章》謂「忍」是於法已能實相安住，《成唯識論》謂「忍」是在身、語、意上起無瞋、精進、審慧之作用。「世第一法位」是指就「世間法」而言，證入此位已是世間法的最高階位，即將證入解脫的「世出法」。

此時修得之止觀境界分別以「印順定、無間定」來形容。「印順定」是指此定能印可之前的「所取空」，而後順樂印可「能取空」，已能印持二空、不再退轉。「無間定」是指此定即能令行者無間隙的證入解脫的「見道位」。

依「印順定」發起「下品如實智觀」，分下忍、中忍、上忍。下忍位印可確認「所取」之外境是空；中忍位開始順樂轉位，改確認「能取」之妄識亦空且產生意樂的印可；上忍位能再度確認「能取」之識虛妄不實，確實為空。

依「無間定」發起「上品如實智觀」，印可前忍位之「所取、能取」皆空，即進入世第一法位的「二空雙印」（雙印「能、所」皆空），然而此時的觀行仍帶「空、有」、「能、所」的二元對立相，而未能證入中道實相。

四如實智觀

「四如實智觀」是指能將「唯識觀」的教理如常實行於生活中而引發如實智。觀行者能如實了知前七識（第六識為主）能變現的「名言種子」充滿了我執，所變現之「遍計所執相」虛妄無實，只是在第八識業種子變現之「依他起相」上的所增語。

而「依他起相」亦唯識所現，能如實了知「依他起相」乃因緣所生法，且一切法「緣起性空」，以「名、事、自性、差別」觀一切法唯識，且離識非有、識亦非有，如實印可能取之「見識」空、所取之「相識」空，悟入「依他起相」的「生無自性性」。

一、名尋思所引如實智：《瑜伽師地論》云：「云何名尋思所引如實智？謂諸菩薩於名尋思唯有名已即於此名如實了知。謂如是名為如是義，於

事假立，爲令世間起想、起見、起言説故。若於一切色等想事，不假建立色等名者，無有能於色等想事起色等想。若無有想，則無有能起增益執，若無有執，則無言説。若能如是如實了知，是名『名尋思所引如實智』。」

《瑜伽師地論》謂，要如何引發尋思「名」之如實智呢？如實尋思一切有爲法之「名」就只是名稱而已，不起能執著的名言習氣。觀行者能了知「名」只是在事物上的假立，只是方便「世間法」的運作，因爲人們必須依據這些名稱才能起想、起見、起言説，否則無法溝通。只要不在「依他起相」上生起我執的名言，就不會起妄想，若無此想就不會在已有之名相上再增加我執的意言或語言，若能對此如實了知，此知稱爲「名尋思所引如實智」。

二、事尋思所引如實智：《瑜伽師地論》云：「云何事尋思所引如實智？謂諸菩薩於事尋思唯有事已；觀見一切色等想事性離言説，不可言説。若能如是如實了知，是名事尋思所引如實智。」

《瑜伽師地論》謂，要如何引發尋思「事」之如實智呢？觀行者能如實尋思一切有爲法所涵之「事」就只是事義而已，只是「依他起相」的因果流轉相，事義的本性無法言説，言説即乖離，言説必有對立。若能對此如實了知，此知稱爲「事尋思所引如實智」。

三、自性假立尋思所引如實智：《瑜伽師地論》云：「云何自性假立尋思所引如實智？謂諸菩薩於自性假立尋思唯有自性假立已，如實通達了知色等想事中所有自性假立，非彼事自性而似彼事自性顯現；又能了知彼事自性猶如變化、影像、嚮應、光影、水月、焰、水、夢、幻，相似顯現，而非彼體。若能如是如實了知最甚深義所行境界，是名自性假立尋思所引如實智。」

《瑜伽師地論》謂，要如何引發尋思「自性假立」之如實智呢？觀行者能如實尋思一切有爲法的「自性」（例如色蘊的質礙性、想蘊的取像性）只是人爲的假立而已，即使觀析簡擇到「質礙性、取像性」，也不是事物本身的自性眞相，只能說是「似有」的眞相。這些事物的自性猶如光之影、水中月、夢中幻，只是似有的顯現，非眞正的實體。若能如實了知這種最甚深義所行境界，此知稱爲「自性假立尋思所引如實智」。

四、差別假立尋思所引如實智：《瑜伽師地論》云：「云何差別假立尋思所引如實智？謂諸菩薩於差別假立尋思唯有差別假立已，如實通達了知色等想事中差別假立不二之義。謂彼諸事非有性非無性，可言說性不成實故非有性；離言說性實成立故非無性。如是由勝義諦故非有色，於中無有諸色法故；由世俗諦故非無色，於中說有諸色法故。如有性、無性，有色、無色，如是有見、無見等差別假立門，由如是道理一切皆應了知。若能如是如實了知差別假立不二之義，是名差別假立尋思所引如實智。」

《瑜伽師地論》謂，要如何引發尋思「差別假立」之如實智呢？觀行者能如實尋思一切有爲法的二元「差別」相只是有爲法世界不得已的施設，且能如實通達了知差別相的「不二」之義。即觀一切色法事物皆有施設的名相，例如美醜、高下、有無……，然而眞相是「不是有、也不是無」，「不是有」是因爲眞相無法言說，能言說者不是眞有；「不是無」是因爲離開言說就有眞相。從「勝義諦」的法性理體來說，不能說有色法；從「世俗諦」的法相事用來說，不能說沒有色法。對於有性無性，有色無色，有見無見等二元差別的假立皆能了知其中的道理（打破對二元的執著），且如實了知差別假立的不二之義，則此知稱爲「差別假立尋思所引如實智」。

「加行位」的修行成果

《唯識三十頌》對「加行位」的描述爲：「現前立少物，謂是唯識性，以有所得故，非實住唯識。」

《唯識三十頌》謂，在「加行位」勤修「四尋思觀、四如實智觀」能生起簡擇的加行分別智，較「資糧位」的行者有更殊勝的止心和慧觀。然行者以爲印可所取、能取「皆空」就是唯識的眞實性（故說現前立少物），卻不知仍對「空相」有名言習氣的執著，而未能「實住唯識性」。

所謂「以有所得故」，是指行者雖已證入世第一法位的「二空雙印」，卻因爲在心中仍帶有「空」相的相縛，對「空相」還有所得，即行者仍有細微的「空、有」二元對立，因此還要再破除此細微對立相，由空再進入眞空（能所一如），才是眞正的無所得。

1.45 細伺的所觀境可延伸至無形。

सूक्ष्मविषयत्वं चालिङ्गपर्यवसानम् ॥४५॥

sūkṣma-viṣayatvam-ca-aliṅga paryavasānam ॥45॥

色界三禪（無尋無伺三摩地）

《瑜伽師地論》云：「彼於喜相深見過失，是故說言於喜離慾，又於爾時遠離二種亂心災患能於離喜第三靜慮攝持其心：第二靜慮已離尋伺，今於此中複離於喜，是故說言安住於捨，如是二法能擾亂心、障無間捨。初靜慮中有尋伺故，令無間捨不自在轉。第二靜慮由有喜故，令無間捨不自在轉。是故此捨初、二靜慮說名無有，由是因緣修靜慮者，第三靜慮方名有捨。由有捨故，如如安住所有正念。如是如是彼喜俱行想及作意不複現行。若複於此，第三靜慮不善修故或時失念，彼喜俱行想及作意時複現行，尋即速疾以慧通達能正了知，隨所生起能不忍受，方便棄捨、除遣變吐、心住上捨。是故說有正念、正知。彼於爾時住如是捨，正念、正知親近修習、多修習故，令心踴躍，俱行喜受便得除滅。離喜寂靜、最極寂靜、與喜相違心受生起，彼於爾時色身、意身領納受樂及輕安樂，是故說言有身受樂。」

三禪稱爲「離喜妙樂地」，行者會有「（妙）樂、正念、正知、行捨、心一境性」五支功德。《瑜伽師地論》謂，在二禪境界的行者繼續觀析此時禪定所生之喜樂而深見過失，進而捨離對二禪喜樂的慾望，同時二禪已無尋伺的慾望，所以第三禪的境界已經沒有這二種亂心災患，此時心行能「安住於捨」。

為何三禪能「安住於捨」？因為尋伺、喜樂能擾亂自心，障礙無間捨。初禪因為有尋有伺故，令無間捨不自在轉；二禪因為有禪定喜樂故，令無間捨不自在轉；由此因緣，三禪的心行方名有捨，由於有「行捨」故，能如如安住所有「正念」，如是修行，對喜樂之想念和作意不複現行。

但是進入第三禪境界的行者，若不能如法修習也會偶爾失念，而對喜樂的念想和作意生起現行，此時迅速的以「慧心所」作簡擇，會有正確的通達了知，能立即棄捨這種念想、且除遣變吐，心力持續向上捨離，故說三禪有「正念（定）、正知（慧）」。

行者在此時安住如是捨離，不斷親近修習、精進修習「正念、正知」，心會生起踴躍的力量而滅除了對喜樂的感受。因為離開喜樂而得到寂靜、最極寂靜的境界，是因為與喜心相違。此時「色身、意身」皆領納著「身受樂和輕安樂」，這種妙樂和無間捨是二禪以下都沒有的境界，第四禪以上也有無間捨，但已經沒有妙樂受。

色界四禪（無尋無伺三摩地）

《瑜伽師地論》：「總集說言樂斷苦斷、先喜憂沒，謂入第四靜慮定時樂受斷故、入第二靜慮定時苦受斷故、入第三靜慮定時喜受沒故、入初靜慮定時憂受沒故。今於此中且約苦樂二受斷故，說有所餘非苦樂受，是故說言彼於爾時不苦不樂，從初靜慮一切下地災患已斷，謂尋、伺、喜、樂（包含憂、苦）、入息、出息，由彼斷故，此中捨念清淨鮮白，由是因緣正入第四靜慮定時心住無動，一切動亂皆悉遠離，是故說言捨念清淨。」

總而言之，色界四種禪可以用「樂斷苦斷、先喜憂沒」八個字來形容：能入第四禪是因為「斷樂受」（斷二禪喜樂、三禪妙樂之受），能入第

二禪是因爲「斷苦受」（不再受尋伺之苦），能入第三禪是因爲「沒喜受」（只有妙樂受），能入初禪是因爲「沒憂受」（已無欲界慾望之憂）。

第四禪已經斷離苦、樂二受，故爲「不苦不樂受」，從此以後斷離一切下地災患：憂、苦、尋、伺、喜、樂、入息、出息，由於斷離八災，從此心念清淨鮮白，由此因緣而正確的證入第四禪，此時心住無動，因爲所有動亂皆已遠離，故第四禪稱爲「捨念清淨地」，行者有「捨清淨、念清淨、捨受、心一境性」四支功德。

空三摩地、無作三摩地、無相三摩地

《瑜伽師地論》從尋伺的角度說明，而將四禪八定改稱爲「有尋有伺、無尋有伺、無尋無伺」三摩地；若從大乘行者要修入「菩薩道」所修持的止觀來說，則稱爲「空、無願、無相」三摩地。

「空、無願、無相」三摩地還是以四禪八定爲本，只是**慧觀**的方法不同，以瑜伽唯識的教理觀析「空、無願、無相」。其中「無願」的梵語爲 apranihita，梵英辭典的解釋是無慾、無作之意，故以下稱爲「無作三摩地」。

《顯揚聖教論》云：「若名空、無願、無相三摩地者，唯是修所生慧，通世出世應知。若名空、無願、無相解脫門者，此唯出世應知。」《瑜伽師地論》云：「三種解脫門亦由三自性而得建立：謂由遍計所執自性故立空解脫門，由依他起自性故立無願解脫門，由圓成實自性故立無相解脫門。」

《顯揚聖教論》謂，「加行位」是觀行者的「修慧」階段，可依定作三種慧觀，即「空、無作、無相」三種三摩地，由於此位尙未解脫，故這三種三摩地屬於世間的有漏定；而對解脫的菩薩來說，若要繼續向上登

地也是修「空、無作、無相」三摩地，此時這三種三摩地已是出世間的定，故改稱爲「三解脫門」。

《瑜伽師地論》謂，證得「三解脫門」的方法也可由「三自性」的角度來觀修，故而建立下列名稱：由「遍計所執自性」建立「空解脫門」，由「依他起自性」建立「無作解脫門」，由「圓成實自性」建立「無相解脫門」。

1.46 然而仍是「有漏種子三摩地」。

ता एव सबीजः समाधिः ॥४६॥

tā eva sabījas-samādhiḥ ॥46॥

一、空三摩地：《瑜伽師地論》：「云何菩薩空三摩地？謂諸菩薩觀一切事，遠離一切言說自性，唯有諸法離言自性，心正安住，是名菩薩空三摩地。」

論曰，（凡位）菩薩能「觀析」一切法並了知所現事相都是「能」取的名言「所」投射的妄相，故而捨離「能、所」之言說自性（了悟「我執種子」變現的「遍計所執相」虛妄無實），心能真正安住在「相無自性性」，是為「空三摩地」。

二、無作三摩地：《瑜伽師地論》：「云何菩薩無願三摩地？謂諸菩薩即等隨觀離言自性所有諸事，由邪分別所起煩惱及以眾苦所攝受故，皆為無量過失所污，於當來世不願為先，心正安住，是名菩薩無願三摩地。」

論曰，（凡位）菩薩能「平等隨順的觀析」一切法所現之事相都不出名言自性，了知無量過失所引起的煩惱痛苦皆由我執名言的邪分別所引起，故來世當不作為先（不再起妄心執念），從此無慾無作，心能真正安住「生無自性性」（了悟「業種子」變現的「依他起相」自性亦空），是為「無作三摩地」。

三、無相三摩地：《瑜伽師地論》：「云何菩薩無相三摩地？謂諸菩薩即正思惟離言自性所有諸事，一切分別戲論眾相，永滅寂靜，如實了知，心正安住，是名菩薩無相三摩地。」

論曰，（凡位）菩薩能「正確思惟」一切法所現之事相都不出名言自性，如實了知有為法的世界只是二元對立的戲論眾相，於是永滅此差別對立相，心能寂靜的安住在「勝義無自性性」（了悟無相之相乃「非空非有、即空即有」的中道實相），是為「無相三摩地」。

未能證得「實相般若」都屬於有漏種子三摩地

第八識腦海有無量的種子，分為「有漏、無漏」的種子。「漏」就是煩惱，種子又稱為「習氣」會產生令人不得不做的慣性。而「無漏種子」分為本俱和外熏，皆能生發菩提自性之清淨因，現行出清淨的無為法；「有漏種子」都是名言習氣，只能現行出雜染的有為法。

凡夫的第八識含藏了大量的有漏種子，第八識（所熏）和前七識（能熏）彼此在循環回收這些有漏種子：其中第八識的業種子變現出「依他起相」，前七識的我執種子變現出「遍計所執相」，二者有能熏、所熏的輪迴關係已如前述。

修行人若未證得「實相般若」，即使修到四禪八定的境界還是屬於世間的「有漏定」，甚至修到最高的「非想非非想處定」亦然，修得此定之天眾死後投生到「非想非非想處天」能享有八萬四千大劫的壽命，然而福報享盡也要墮入下界。因為修「定」只能暫時伏住煩惱；唯有熏修般若空義及唯識教理，證得「實相般若」，才能徹底解決我執引起的煩惱。

行者修入色界二禪的定境就一定有機會證得「實相般若」，「無伺三摩地」就是二禪以上的境界，以第四禪最為圓滿。若能證得「實相般若」，

當下二禪就是出世間的解脫定，不再是世間的有漏定，解脫後的登地菩薩逐漸證得少分圓滿的「無漏種子三摩地」，證得十分圓滿的「無漏種子三摩地」就是成佛。

1.47「無伺三摩地」成就之「正智」開顯出「如來自性」。

निर्विचारवैशारद्येऽध्यात्मप्रसादः ॥४७॥

nirvicāra-vaiśāradye-'dhyātma-prasādaḥ ॥47॥

以二禪（無伺三摩地）以上之定境，如法觀修唯識教理，即可成就聖者的「正智」，開顯出清淨的「如來自性」。「如來自性」是眾生如來藏所藏之真如，是一切無漏種子的智種，也是眾生本自具足的佛性；是能覺的真心、真我，也是禪宗所謂的本來面目；名雖不同，體即是一。

《楞伽經》五法

《楞伽經》是「唯識宗」立宗的主要經典之一，亦為禪宗初祖達摩大師唯一傳燈印心之經典。六祖惠能大師因為聽聞《金剛經》「因無所住而生其心」而開悟，使後人以為禪宗以《金剛經》為本，忘了達摩祖師以楞伽印心的用意。禪宗所謂的「不立文字」是要打破「名句文」建構的虛妄假相，《楞伽經》的修行法門就是不斷在破相。

《楞伽經》的修法總括為「八識、三自性、二無我、五法」，其中八識、三自性已如前述；二無我是指「人無我、法無我」，修法是「能取空、所取空」以斷除「我執、法執」。

「五法」是指「相、名、分別、如如、正智」，其中「相」是凡夫所現的妄相，「名」是凡夫的名言習氣，是虛妄的能分別。「如如」是聖者所緣的中道實相，「正智」是聖者能緣的真心或實相般若。

五法	能現 ／ 能緣	所現 ／ 所緣
凡夫	名（言）、（虛妄）分別	相（依他起性遍計所執相）
聖者	正智（根本無分別智）	如如（依他起性圓成實相）

入「見道位」的關鍵：無所得

《唯識三十頌》：「若於時所緣，智都無所得，爾時住唯識，離二取相故。」《成唯識論》復云：「若時菩薩於所緣境，無分別智都無所得，不取種種戲論相故，爾時乃名實住唯識真勝義性，即證真如智與真如平等平等，俱離能取所取相故，能所取相俱是分別，有所得心戲論現故。」

《唯識三十頌》對「見道位」的描述為：在「加行位」時已印可「所取之境空、能取之心空」，然此「二空雙印」猶帶空相故，因而未能住「唯識實性」。若能進一步將「空、有」的對立相再予除遣，並對「正智」亦無所得，即於「世第一法」的刹那通達「唯識實性」，無間隙的入「見道位」。

《成唯識論》解釋，入「見道位」是因為對所緣境（所取）、無分別智（能取）都無所得，不取種種二元對立戲論相故，當下即住唯識的真實勝義性，也就是證「真如智（能）」與「真如平等平等（所）」，是因為捨離了「能取相、所取相」的虛妄分別。

「見道位」的境界

《攝大乘論》：「由是因緣，住一切義、無分別名，於法界中便得現見相應而住。爾時，菩薩平等平等所緣，能緣無分別智已得生起，由此菩薩名已悟入圓成實性。如是菩薩悟入唯識性故，悟入所知相，悟入此故入極喜地，善達法界生如來家，得一切有情平等心性、得一切菩薩平等心性、得一切佛平等心性，此即名為菩薩見道。」

《攝大乘論》亦謂，證入「見道位」時，聖者所緣是一切實相的勝義，能緣是已無名言的分別，於法界中有「現量、現見」相應而住。此時，初地菩薩之所緣平等平等（如如），能緣的無分別智已得生起，由此可稱為菩薩已悟入「圓成實性」。

由此，菩薩悟入「唯識實性」，同時悟入「三相、三無性」的真義；悟入此故，入初地菩薩的「極喜地」，善達法界，生如來家（從此成為佛陀的眷屬不再只是弟子），能得一切有情眾生的平等心性、得一切菩薩的平等心性、得一切佛的平等心性，此即名為菩薩「見道」。

菩薩的「正智」有兩種

《成唯識論》：「加行無間此智生時體會真如名通達位，初照理故亦名見道，然此見道略說有二……前真見道根本智攝，後相見道後得智攝，……菩薩得此二見道時生如來家，住極喜地善達法界得諸平等，常生諸佛大集會中，於多百門已得自在，自知不久證大菩提，能盡未來利樂一切。」

《成唯識論》謂，成就「正智」的當下即體證真如，故名「通達位」；因為初次照見真理，故又名「見道位」，初地菩薩有二種見道：先有真見道之「根本智」，用以自渡；後有相見道之「後得智」，用以渡眾生。初地菩薩得此兩種見道時即生如來家，常生諸佛之大集會中，於諸多修行法門已得自在。

菩薩開始向上登地，以「根本無分別智」緣真如體，以「後得分別智」緣世俗境，前者用以自覺、後者用以覺他，此二覺也是大乘行者在「資糧位」所發之菩提（覺）心。登地菩薩自知不久即將證得成佛之大菩提（無上覺），於無盡的未來利樂一切有情眾生。

1.48「實相般若」在那。

ऋतम्भरा तत्र प्रज्ञा ॥४८॥

rtaṁbharā tatra prajñā ॥48॥

實相般若（能緣），中道實相（所緣）

從佛性「知」的功能來說，正智又稱為「實相般若」。「般若」有三種層次：文字般若、觀照般若、實相般若。「文字般若」是聞慧、思慧，所觀是依他起相之「遍計所執相」；「觀照般若」是修慧，所觀仍是「依他起相」之遍計所執相。

「實相般若」則是證慧，慧光破除了無明和我執，當下所緣是不二的「中道實相」。「慧」是內證之空性，猶如月亮，作用是自覺；「智」是外顯之慧用，猶如太陽，作用是覺他，故智與慧二者乃不一不異。

對登地菩薩來說，要不斷學習方便善巧的法門以渡化眾生，所以「正智」的闡述更為重要。見道後的初地菩薩開始轉識成智：先轉第六識為下品「妙觀察智」，同時轉第七識為下品「平等性智」。

登地菩薩住定時，**能緣**是「根本無分別智」，**所緣**是平等不二的無相，亦即真如之體。菩薩出定後，**能緣**是「後得分別智」，**所緣**是如實的「依他起相」，明了一切法緣起性空，性空如幻，已不被境轉。

菩薩「修道位」：轉捨二障

《唯識三十頌》對菩薩「修道位」的描述爲：「無得不思議，是出世間智，捨二粗重故，便證得轉依。」

頌曰，菩薩以無所得故，證得不可思議的出世間「根本無分別智」，此智能**轉捨**兩種「粗重」的障礙：煩惱障、所知障，由此「修道位」的菩薩向上登地，不斷**轉捨**地地障礙，以便**轉得**兩種成佛之果：「大涅槃、無上覺」。頌中的「粗重」是相對的概念，對上地菩薩來說，下地菩薩的二障便是粗重。

「煩惱障」是**能見**的障礙，「所知障」是**所見**的障礙，二障都和煩惱有關，因爲能、所不二。凡夫的**能見**有障礙是因爲雜染八識還未轉爲清淨的四智，**所見**有障礙是以爲外在有客觀的實相，以爲「心是心、境是境」，心境二者無關，而不能契入唯識實性。

凡夫位和菩薩位都要學習轉捨「煩惱障、所知障」，但是凡夫的二障種子和聖者的二障種子並不相同。解脫前的凡夫要轉捨的是第六識「分別我執、分別法執」的種子，其中「分別我執」是凡夫的煩惱障，「分別法執」是凡夫的所知障。轉捨凡夫二障即入「見道位」。

解脫後的菩薩已斷除分別我執、法執，已無知見上的障礙，但有累世性格的習氣障礙，因此菩薩還要轉捨潛藏在六、七識的「俱生我執、俱生法執」種子，其中「俱生我執」是菩薩的煩惱障，「俱生法執」是菩薩的所知障，徹底轉捨菩薩二障即入成佛的「究竟位」。

登地菩薩以「根本無分別智」轉捨二障

《成唯識論》對菩薩「修道位」的解釋爲：「菩薩從見道起已為斷除餘障證得轉依，復數數修習無分別智。此智遠離所取、能取，故說無得及不

思議：遠離戲論說為無得，妙用難測說不思議，此出世間無分別智斷世間，故名出世。二取隨眠是世間本唯此能斷，獨得出世名，依二義立謂體無漏及證真如，此智俱斯二種義故獨名出世，餘智不然，即十地中無分別智數修此，故捨二麤重。」

論曰，菩薩在「見道」後，數數修習「根本無分別智」以轉捨「煩惱障、所知障」。此「無分別智」已遠離虛妄的能取、所取，特色是「無得不思議」：能遠離二元戲論故說「無得」；妙用難測故說「不思議」，此智只有出世間的聖者能有。

此外，菩薩出世的「無分別智」還有「體無漏、證真如」二種涵義：能斷除八識腦海的「隨眠種子」（未現行的煩惱），故說「體無漏」；能令菩薩捨離地地的粗重障礙、向上登地，故說「證真如」。

菩薩最終證得兩種「轉依」

《成唯識論》云：「依謂所依即依他起與染淨法為所依故，染謂虛妄遍計所執，淨謂真實圓成實性。轉謂二分轉捨、轉得，由數修習無分別智，斷本識中二障麤重，故能轉捨依他起上遍計所執及能轉得依他起中圓成實性。由轉煩惱障得大涅槃，轉所知障證無上覺，成立唯識，意為有情證得如斯二轉依果。」

論曰，轉依的「依」是指「依」他起相染污的遍計所執性、及「依」他起相清淨的圓成實性。轉依的「轉」有兩種，轉捨（斷捨、棄捨）和轉得（顯得、證得）：登地菩薩精進修習「無分別智」就能**斷捨**粗重的二障、**棄捨**第八識有漏的種子。故「轉依」是指「轉捨」依他起相的遍計所執性，同時「轉得」依他起相的圓成實性。

初地菩薩「轉得」下品圓成實性、八地菩薩「轉得」中品圓成實性、十

地菩薩「轉得」上品圓成實性，成佛時「轉得」究竟圓滿的圓成實性。成佛時徹底斷捨「煩惱障」而**顯得**原本清淨的「大涅槃」，徹底斷捨「所知障」而**證得**圓滿的「無上覺」。由此兩種圓滿的「轉依」，而成立「唯識」。

菩薩有十地

《成唯識論》云：「云何證得二種轉依？謂十地中修十勝行斷十重障，證十真如，二種轉依由斯證得。十地總攝有為、無為功德以為自性，與所修行為勝依持令得生長，故名為地。……雖真如，性實無差別，而隨勝德假立十種。雖初地中已達一切，而能證行猶未圓滿，為令圓滿後後建立。」

論曰，菩薩最終證得兩種「轉依」的方法是在「十地」中修習「十渡」以斷除二障。菩薩有十地，地地皆統攝有爲、無爲之功德自性，是菩薩自渡渡人之地。「地」是大地，有生長萬物、涵養有情功德之能用，也有持法不失、育法生果之寓意，乃菩薩之行處、住處。

一、極喜地：初地菩薩初獲聖性具證二空，能益自他、生大喜故。

二、離垢地：二地菩薩具淨尸羅（具淨戒），遠離能起微細毀犯煩惱垢故。

三、發光地：三地菩薩成就勝定大法總持，能發無邊妙慧光故。

四、焰慧地：四地菩薩安住最勝菩提分法，燒煩惱薪、慧焰增故。

五、難勝地：五地菩薩眞、俗兩智行相互違，合令相應，極難勝故。

六、現前地：六地菩薩住緣起智，引無分別，最勝般若令現前故。

七、遠行地：七地菩薩至無相住功用後邊，出過世間二乘道故。

八、不動地：八地菩薩無分別智任運相續，相用煩惱不能動故。

九、善慧地：九地菩薩成就微妙四無閡解（四無礙辯），能遍十方善說法故。

十、法雲地：十地菩薩大法智雲含眾德水，蔭蔽一切如空麁重，充滿法身故。

十地菩薩圓修十渡

論曰，菩薩在每一地都有該地應該專攻的殊勝修行，稱為「十勝行」，也稱為「十渡、十波羅蜜」，菩薩圓證該地之修行即可轉捨在該地的煩惱障、所知障，同時轉得該地的「十種真如」，成就佛果。例如初地菩薩的功課是將「布施波羅蜜」修證圓滿，然並非不修其他波羅蜜。又「十渡」中，前六渡偏重於自渡，後四渡偏重於渡他。

一、布施渡：施有三種，謂財施、無畏施、法施。

二、持戒渡：戒有三種、謂律儀戒、攝善法戒、饒益有情戒。

三、忍辱渡：忍有三種，謂耐怨害忍、安受苦忍、諦察法忍。

四、精進渡：精進有三種，謂被甲精進、攝善精進、利樂精進。

五、禪定渡，禪定即靜慮有三種，謂安住靜慮、引發靜慮、辦事靜慮。

六、般若渡：般若有三種，謂生空無分別慧、法空無分別慧、俱空無分別慧。

七、方便渡：方便善巧有二種，謂迴向方便善巧、拔濟方便善巧。

八、願渡：願有二種，謂求菩提願、利樂他願。

九、力渡：力有二種，謂思擇力、修習力。

十、智渡：智有二種，謂受用法樂智、成熟有情智。

證十種真如

論曰，「十真如」和「十渡」在本質上並無差別，只是從十種殊勝的角度來描述菩薩所證得之福德、功德而假立十種真如，以使每一地的證行更臻圓滿。

一、遍行真如，謂此真如二空所顯，無有一法而不在故。

二、最勝真如，謂此真如具無邊德，於一切法最為勝故。

三、勝流真如，謂此真如所流教法，於餘教法極為勝故。

四、無攝受真如，謂此真如無所繫屬，非我執等所依取故。

五、類無別真如，謂此真如類無差別，非如眼等類有異故。

六、無染淨真如，謂此真如本性無染，亦不可說後方淨故。

七、法無別真如，謂此真如雖多教法種種安立而無異故。

八、不增減真如，謂此真如離增減執，不隨淨染有增減故。即此亦名相土自在所依真如，謂若證得此真如已，現相現土俱自在故。

九、智自在所依眞如，謂若證得此眞如已，於無礙解得自在故。

十、業自在等所依眞如，謂若證得此眞如已，普於一切神通作業總持定門皆自在故。

1.49 不同於文字般若和觀照般若，（實相般若）所緣之外境為眞實的勝義。

श्रुतानुमानप्रज्ञाभ्यामन्यविषया विशेषार्थत्वात्॥४९॥

śruta-anumāna-prajñā-abhyām-anya-viṣayā viśeṣa-arthatvāt ॥49॥

中道實相又稱為「勝義」

「世間」的所見現出了法相的事用但隱覆了法性理體；「出世間」的所見是證得殊妙空慧之聖者所見之對境，稱爲「勝義」。《成唯識論》謂，聖者所緣有四種不同層次的「勝義」：「世間勝義，謂蘊處界等；道理勝義，謂苦等四諦；證得勝義，謂二空真如；勝義勝義，謂一真法界。」

一、道理勝義：聖者已了悟「苦、集、滅、道」四諦的眞理：苦諦、集諦是「世俗諦」有爲法的世界，是依他起性「遍計所執相」的因果流轉；滅諦、道諦是「勝義諦」無爲法的世界，是返還依他起性「圓成實相」的眞如本體。菩薩之般若正智已能了知此世間、出世間的眞理，稱爲「道理勝義」。

二、證得勝義：向上登地的菩薩不斷入、住、出。當菩薩住觀時，以能緣之「根本無分別智」，所見爲「能空、所空之無相」，此爲菩薩當下證入上地所見之眞如（能、所一如），稱爲「證得勝義」。

三、**世間勝義**：菩薩出觀後，以能緣之「後得分別智」，所見之五蘊、十二處、十八界和凡夫之蘊處界已不相同，是沒有分別執著的「依他起相」，已有少分的真實勝義，能隨緣善巧的渡化眾生，故曰「世間勝義」。

四、**勝義勝義**：是一切諸佛如來所緣之法界實相之體，也稱為「一真法界」，此妙體本來如此、清淨圓滿、空有一如、常樂我淨，故曰「勝義勝義」。

八地菩薩所緣是真實勝義

《瑜伽師地論》謂，「根本無分別智」為出世間智，屬於勝義有；「後得分別智」為世間、出世間智，屬於世俗、勝義俱有。五地菩薩之「根本智、後得智」已經相合，入觀、出觀之所見雖無差別，但是功夫尚未熟稔；八地菩薩的「根本智、後得智」已能相續無功用的任運自在，任何相用的煩惱皆不受影響。

因為八地菩薩已完全棄捨「俱生我執」的種子斷捨了「煩惱障」，故所投射之外境已是真實的勝義；十地菩薩修圓滿時才完全棄捨「俱生法執」的種子，「所知障」已不再現行；故成佛時能如實圓滿的映照一切外境，故佛的能見稱為「大圓鏡智」。

1.50 第八識有漏的餘習種子「轉捨」。

तज्जः संस्कारोऽन्यसंस्कारप्रतिबन्धी॥५०॥

mtajjas-saṃskāro-'nya-saṃskāra pratibandhī ॥50॥

十地菩薩棄捨「俱生法執」的餘習種子

《成唯識論》云：「此地（十地菩薩）於法雖得自在，而有餘障未名最極，謂有俱生微所知障及有任運煩惱障種，金剛喻定現在前時，彼皆頓斷，入如來地。」

論曰，證入十地菩薩時於法雖得自在，但仍有二障極其細微的剩餘種子尚未完全出清，直到「金剛喻三摩地」現前剎那，才將俱生極細微的「所知障、煩惱障種」頓斷，次剎那入「如來地」，成就圓滿佛果。

成佛的「能藏」

第八識又稱為「藏識」，有三種作用：執藏、所藏、能藏。八地菩薩已將我執種子的「執藏」棄捨；十地菩薩修圓滿時將法執種子的「所藏」棄捨。成佛時第八識的「能藏」轉為清淨的「無垢識」，能「攝持」無量的清淨種子，永恆融入一眞法界的性海。

從「能藏」攝持的角度來說，第八識又稱為「阿陀那識」，有三種作用：一、能攝持一切法的種子，令不壞失。二、能攝持感官、根身，令不散失。三、能攝持「中有」去投胎結生，令「本有、中有、後有」生死相續。但佛陀不輕易宣說「阿陀那識」。

《解深密經》：「阿陀那識甚深細，一切種子如瀑流，我於凡愚不開演，恐彼分別執為我。」

世尊說「阿陀那識」非常的深密細微，能攝持一切無量的種子，種子剎那剎那的相續生滅，不曾間斷猶如瀑流，我不主動對愚夫眾生開演此甚深法，是因為怕他們對「我」生起虛妄分別的執著，將「阿陀那識」誤以為是第一人稱的我。

1.51 成就「無漏種子三摩地」，一切皆爲寂滅的清淨種子。

तस्यापि निरोधे सर्वनिरोधान्निर्बीजः समाधिः ॥५१॥

tasyāpi nirodhe sarva-nirodhān-nirbījaḥ samādhiḥ ‖51‖

「無漏種子三摩地」即「金剛喻三摩地」

《瑜伽師地論》謂：「云何金剛喻三摩地？謂最後邊學三摩地，此三摩地最第一故、最尊勝故、極堅牢故、上無煩惱能摧伏故、摧伏一切諸煩惱故，是故此定名金剛喻，譬如金剛其性堅固，諸摩尼寶等不能穿壞、穿壞一切摩尼寶等，此定亦爾故喻金剛。」

論曰，「金剛喻三摩地」是聖者最後觀修之三摩地，此三摩地最第一、最尊勝、極堅牢，沒有煩惱能摧伏，卻能摧伏一切煩惱，是故稱爲「金剛喻」，以金剛譬喻其性堅固，一切摩尼寶珠都不能穿壞，卻能穿壞一切摩尼寶珠。

成佛之「究竟位」：如來地

《唯識三十頌》對「究竟位」的描述爲：「此即無漏界，不思議善常，安樂解脫身，大牟尼名法。」

諸佛如來煩惱永盡、性淨圓明，是清淨的「無漏界」。一切如來法身和淨土皆由「滅諦、道諦」所攝，故說是「善」。「常」指諸佛如來清淨法界不生不滅、性無變易。「安樂」是諸佛如來的清淨法界，眾相寂靜。

「大牟尼名法」指大覺者世尊所成就的無上寂默法，能永離「煩惱障、所知障」，轉得「大涅槃、無上覺」二果，二果之體名為「法身」，此身量無邊、力無畏，由大功德法所莊嚴故。「法身」有三種相貌：自性身、受用身、變化身。

一、自性身（法身）：《成唯識論》：「諸如來真淨法界，受用、變化平等所依，離相寂然、絕諸戲論，具無邊際真常功德，是一切法平等實性，即此自性亦名法身，大功德法所依止故。」

論曰，「自性身」為一切諸佛如來之真淨法界，是「受用身、變化身」的依止。「自性身」離相寂然、絕諸二元戲論，具有無邊無際的真常功德，是一切法的平等實性，故又名「法身」，是大功德法的依止。

二、受用身（報身）：《成唯識論》：「諸如來三無數劫修集無量福慧資糧、所起無邊真實功德，及極圓淨常遍色身，相續湛然盡未來際，恒自受用廣大法樂。諸如來由平等智示現微妙淨功德身，居純淨土為住十地諸菩薩眾現大神通、轉正法輪、決眾疑網，令彼受用大乘法樂。」

論曰，如來的「受用身」有二種：（一）「自受用身」又稱「自報身」，是如來無數劫所修集之無量福慧資糧、起無邊真實功德，所得之極圓淨常遍色身，此身相續湛然盡未來際，可永恆自受用廣大法樂。（二）「他受用身」又稱為「他報身」，此身是依如來之「平等性智」所示現之微妙淨功德身，為居住在純淨土的登地菩薩現大神通、轉正法輪，能解決登地菩薩的一切疑網，令彼等受大乘法樂。

三、變化身（化身）：《成唯識論》：「諸如來由成事智變現無量隨類化身，居淨、穢土為未登地諸菩薩眾、二乘異生稱彼機宜現通說法，令各獲得諸利樂事。」

論曰，如來之「變化身」又稱爲「化身」，此身是依如來之「成所作智」而變現之無量隨類化身，能爲居住在穢土、淨土之之未登地菩薩及修小乘之行者機宜現通說法，令彼等獲得各種利益修行之樂事。

重要名詞索引

國家圖書館出版品預行編目資料

瑜伽經：身心合一的修煉／歐德馥著. 初版.--
臺中市：白象文化事業有限公司，2024.07
　　面； 公分
ISBN 978-626-364-356-7(精裝)
1.CST: 瑜伽

137.84　　　　　　　　　　　113006183

瑜伽經：身心合一的修煉

作　　者　歐德馥
校　　對　歐德馥
插畫繪圖　歐少文、忻洛瑜
發 行 人　張輝潭
出版發行　白象文化事業有限公司
　　　　　412台中市大里區科技路1號8樓之2（台中軟體園區）
　　　　　出版專線：（04）2496-5995　　傳真：（04）2496-9901
　　　　　401台中市東區和平街228巷44號（經銷部）
　　　　　購書專線：（04）2220-8589　　傳真：（04）2220-8505
出版編印　林榮威、陳逸儒、黃麗穎、水邊、陳婉婷、李婕、林金郎
設計創意　張禮南、何佳誼
經紀企劃　張輝潭、徐錦淳、林尉儒
經銷推廣　李莉吟、莊博亞、劉育姍、林政泓
行銷宣傳　黃姿虹、沈若瑜
營運管理　曾千熏、羅禎琳
印　　刷　基盛印刷工場
初版一刷　2024 年 07 月
定　　價　350 元

白象文化　印書小舖　　出版・經銷・宣傳・設計
www.ElephantWhite.com.tw　自費出版的領導者　購書 白象文化生活館